チルチンびと建築叢書 6

金田正夫（無垢里一級建築士事務所 主宰）

春夏秋冬のある暮らし

―機械や工業材料に頼らない住まいの環境づくり―

風土社
CHILCHINBITO ARCHITECTURAL LIBRARY

はじめに

今私たちが生きていられるのは、途方もない地球の営みなしには考えられません。その一つがオゾン層です。太陽からの紫外線がそのまま降り注いだら、地球上の生命はほとんど生きることができません。生きていられるのは、海底の植物が光合成によって酸素を生み出し20億年近くかけてつくり上げてきたオゾン層のおかげなのです。しかし、このオゾン層が戦後の経済成長と工業化によって失われつつあります。それだけではありません。放射能、環境ホルモン、マイクロプラスチック、干ばつによる食料不足、年ごとに深刻化する気候異変等、生きることができた環境に警鐘が鳴らされています。

このような環境になった背景に、戦後の急速な経済成長と工業化に伴う資源消費、それが与える環境への負荷を否定することはできません。環境異変の進行に危惧を持たれるのであれば、今までのような資源の急速な消費を見直さないと根本的な解決につなげることができません。言い換えるなら、機械や工業材料に極力頼らずに環境をつくっていくことです。

省エネ機械はエネルギー消費面で優れていても、それを生み出すのに多大な資源を使いかねません。寿命が来て廃棄するにも、再購入するにも、運転するにも、資源を使い続け環境に負荷をかけ続けます。これらに頼らずに快適な環境がつくれるなら、それに越したことはないのです。

キーワードは「長耐久」、「少量生産・少量消費」、「資源消費の少ない加工」です。

そうなると頼れるのは自然の営みです。自然と正面から向き合いその法則をつかみ応用することです。そんな都合の良い話が現実化できるのか疑問になりますが、人間はその歴史の大半を機械や工業材料に頼ることなく暮らしてきたのです。しかし、今さら昔の暮らしになんか戻れないのも正直なところです。

法隆寺は世界最古の木造建築物で、つくられてから１４００年近く経ちます。西暦６７０年ごろの工人達は、千年を超えて持たすには何をしなければならないかをすでに会得していました。柱の強度を落とさないようにするには、腐らないようにするには、鉄がさびないようにするには……といったことです。今なら、防腐剤は、補強材は、防錆剤は、と発想は進むでしょうが、飛鳥のこの時代はこれらに全く頼りませんでした。樹齢千数百年の檜を使い、炭素含有量を調整する鍛造で釘をつくり、雨に濡れないように軒を深く出して解決させました。その結果は現存する建物が証明しています。現代は利便な機械や工業材料や薬に頼れるので、このような工夫をする必要がなくなった結果、いつのまにか自然と向き合わなくなってきたのです。

今あらためて先人の知恵・自然の法則を科学的に見直し、現代の建物に応用し、本当に効果が出ているかを検証したのが本書です。

※本書中の絵は、金田正夫氏の作品です。写真、図、グラフ等のデータも、同氏からの提供です（特に記載がある場合を除く）。

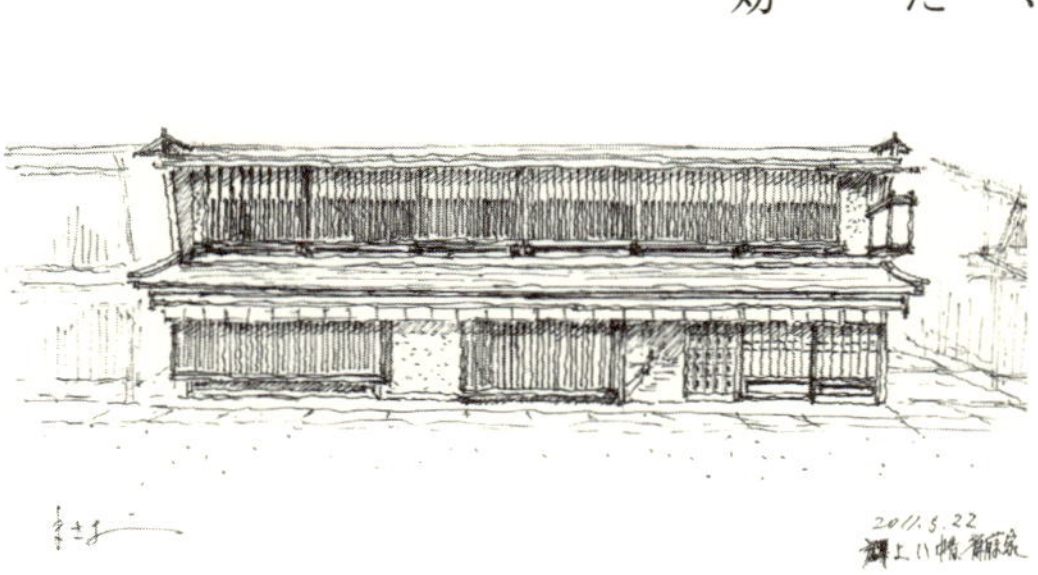

岐阜県・郡上八幡

長良川三河川他の豊富な水と湧水は街内に張り巡らされた水路を通じて各住戸に引き込まれる。各住戸では飲み水、食物洗い、食器洗いの流しが用意され、この順で流れ落ちた水と残飯は最後の貯めますで鯉の餌となって完全に浄化され水路に流される。このシステムは江戸時代に確立し、現在も活用されている。

岐阜県 郡上八幡

『むくり』No64より

【目次】

◉表紙の絵について

岐阜県 白川郷の合掌民家

『むくり』No72より

岐阜県に位置する。急勾配（13/10）の切妻茅葺屋根が特徴で全国的に見られる10/10の寄棟茅葺屋根とは異なる。急勾配ほど雨が茅にしみこみにくいので腐りにくくなり葺き替え期間を延ばすことができる。かつては高地に育つコガヤを使って期間を長くした。聞きとりでは90年の話もあった。現在は運搬が楽な低い地の太茅を使うので30年ほどといわれる。それでも一般の20年ほどよりは長い。養蚕が古くから始まっていた地だけに切妻は小屋裏空間が広がり明かりが取れるので都合がよかった。

北海道 祝津ニシン御殿

『むくり』No62より

祝津は小樽近郊に位置する。江戸期はニシン漁でにぎわい、潤いを手にした網本は贅を尽くした館を建てた。ニシンは3〜5月に産卵のため海岸に集まってくる。建物頂部の見張り台で寝ずの番をして到来を見つけると、下で寝ている漁師を起こして出漁し、一網打尽にとり尽した。同時に子孫も絶ってしまうために次第に不漁となり、漁場を北へと移していくがやがて全くとれなくなる。現代の乱獲と相通ずる出来事であった。

第1章 人が変えてしまった地球環境

鳥取県 三徳山三佛寺投入堂

三朝温泉の奥の山中をかなり上がっていくとたどりつく。材を運ぶにも建てるにも難しい山肌に建つ。平安時代の築なので1100年ほどが経過している。持たすための術がなければ無理な年数になる。薬剤に頼るのではなく腐る原因のシロアリが生育する条件の一つを取り除いて解決させている。それは軒を深く出して雨の影響を避けるという単純な話であった。

1 体温を超える気温

日射病と熱中症

近年日本でも気温が体温の36℃を超える日が多くなってきました。身体の温度が気温に沿って上がってしまうと大変です。風邪をひいて38℃になった時のことを思い出してください。動くのもつらくなります。そこで脳は体温を下げるために汗をかくように指令を出します。汗は皮膚から熱をもらい受けて蒸発するので体温が下がります。これでうまく異常気象を乗り越えられると思われますが、日本のように高温多湿のところはそうは問屋が卸しません。空気中の湿度が高いと蒸発が盛んにならないので、奪う熱量も減ってしまいます。つまり体温上昇を避けられなくなるのです。それは生存にも関わる重大な事態なのです。

「熱中症」という言葉はひと昔前まではほとんどなく「日射病」でした。前者は気温が高くなって体温が上がり身体機能がついていけなくなるものですが、後者は気温とは別の空気を透過してきた放射熱が身体に当たった時に熱に変わり身体に影響が出るものです。放射熱は気温とは別の熱エネルギーですから日傘や木陰に入って日射を遮れば防げますが、熱中症は気温を下げるか前述の汗によって防がないとなりませんので厄介です。

戦後の70年で一気に起きた異常気象

近年の異常気象は戦後の70年ほどの中で起きています（図1-1、図1-2）。10万年の歳月で繰り返されてきた地球の温暖期と氷河期の変化とは年数が全く異なっています。戦後のわずかな歳月の中で何が起きたのでしょうか。

7月「異常気象」

東日本、平均気温最高

124地点、降水量最多

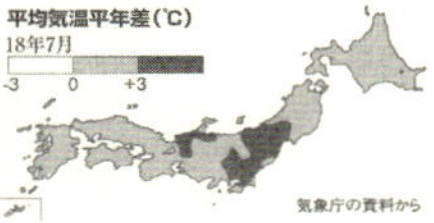

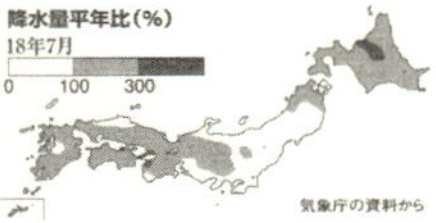

気象庁は1日、7月の天候のまとめを発表した。太平洋高気圧の勢力が強かった影響で、月平均気温は1946年の統計開始以来、東日本で過去最高となった。西日本でも第2位タイの高温だった。7月上旬には西日本豪雨が発生。広島など124地点で観測史上最多の降水量となった。気象庁は7月の天候について「異常気象だった」との認識を示した。

▼6面＝電力に余力

同庁によると、東日本の7月の平均気温は平年よりも2・8度高かった。東京は平年より3・3度高い28・3度、名古屋が2・9度高い29・3度などだった。特に23日は埼玉県熊谷市で国内の観測史上最高を約5年ぶりに更新する41・1度を記録。全国の観測地点の約4分の1で最高気温が35度以上の猛暑日となり、同庁も「一つの災害と認識している」としていた。

また、7月上旬は梅雨前線や台風7号の影響で、西日本を中心に記録的な大雨となった。48時間降水量は、広島市などのアメダスの124地点で観測史上の最多降水量を更新。降水量平年比も沖縄・奄美で832%、西日本で372%、北日本で322%となるなど、61年の統計開始以来、それぞれ7月上旬としては最多の値を更新した。

◇

1日は、京都府舞鶴市で38・6度、埼玉県熊谷市で38・3度、岐阜県美濃市で38・2度など200地点で猛暑日を記録。東日本と西日本では暑い日が1週間以上続く見込み。（角拓哉）

図1-1　2018年8月2日　朝日新聞

2018年7月の東日本の平均気温が、1946年の統計開始以来過去最高に。西日本でも第2位タイとなった。7月上旬には西日本豪雨が発生し、広島など124地点で観測史上最多の降水量となった。気象庁は7月の天候について「異常気象だった」との認識を示した。

溶ける凍土 メタンの脅威

地球異変

1面から続く

ヤマロ・ネネツ自治管区の区都サレハルドから北へ約4時間。記者を乗せた大型ヘリのミル8は、ヤマル半島中西部のツンドラに爆音を立てて着陸した。

この季節、一帯はぬかるんだ湿地だ。北極ヤナギをかき分けて歩く。地面がめくれ上がったような高さ3～4メートルの斜面を登ると、目指す巨大な穴が見えた。怖々と底をのぞき込むと、切り立った崖の下に薄茶色の水がたまっている。

壁面の一部が崩れ、波が打ち寄せるような大きな音が響いた。同行したロシア科学アカデミー石油ガス調査研究所のワシリー・ボゴヤブレンスキー教授が声をあげた。「見ろ、永久凍土が溶けている」

気温は8度。日光にさらされた凍土は次々溶けていく。早ければ9月中に水で満たされるという。

周囲を歩くと、いたるところに、他の場所から飛んできたような白い土の塊があった。穴の外周から約100メートル先にも異質な土の塊が見つかっている。

取材に同行した地元の環境保護団体・北極開発センターのウラジーミル・プシカリョフ所長(42)は昨年11月、調査のため、氷に覆われた穴の底まで降りた。「風は入らず、静かで神秘的な場所だった。地球には、まだ人類の知らない世界がある」と振り返る。

ヘリには、ロシアのテレビ局3社の記者も同乗した。モスクワのニュース専門チャンネル・ロシアトゥデーのビタリー・ブズエフ氏は「多くのロシア人が注視している。こんな奇妙な現象は見たことがないからだ」と話した。

巨大な穴の壁面。永久凍土との境目がはっきりと分かる

移動中のヘリコプターから、遊牧民のテントが見えた＝いずれも8日、ロシア・ヤマル半島、時津剛撮影

地中のガス 圧力増し噴出か

ロシア科学アカデミー地球雪氷圏研究所のマリーナ・レイブマン首席研究者による衛星写真の分析では、この穴は2013年10月から11月の間に出来た。

その前年の年間平均気温は零下4・1度。前後数年より最大約4度高く、雨も多かった。この熱と雨が1年かけて地中に伝わり、永久凍土中に閉じ込められていたメタンガスが地中で発生。行き場を求めたガスが閉鎖空間にたまり、次第に圧力が上昇。当初は周囲の土で抑えられていたが、さらにガスが増え圧力が増し、ある時点で周囲の土を吹き飛ばしたとみる。

昨夏の調査では、穴の中のメタンガス濃度は9・8%あった。濃度5%を超えると爆発の恐れがあるとされる。穴から遠ざかるほど濃度は低下したという。

発見当初、永久凍土中に所々ある巨大な氷の塊が溶けて陥没した、との見方もあった。だが、周囲に爆発で吹き飛んだと見られる土があった。隕石の衝突なら検出される放射線量の異常はなく、何かが燃えた痕跡も見つかっていない。

レイブマン氏は、穴が出来た際と同様の気象条件になれば、同様の爆発が相次ぐ可能性があると訴える。

不安を覚える住民も出てきた。半島内にはトナカイ遊牧民が暮らすほか、天然ガスのパイプラインや鉄道がある。

サレハルドの博物館で働くクラウディア・タイシナさん(31)は少数民族のネネツ人。「爆発があった場所はトナカイを育てる大切な牧草地。もし穴が次々出来れば、遊牧民はどうなってしまうのだろう」

ヤマロ・ネネツ自治管区のアレクサンドル・マジャロフ副知事は9日、地元で記者会見を開催。住宅などを建てる際、地下のガス調査を義務づける方針を明らかにし、「住民被害を防ぎたい」と語った。

メタンの温室効果、CO^2の25倍

温暖化進む恐れ

永久凍土はシベリアだけでなく、カナダやアラスカなど、北半球の大陸表面の24%に存在する。

温暖化による極地の気温上昇は、世界平均の2倍の速さで進むとされる。国連環境計画（UNEP）が2012年にまとめた報告書によると、今から2100年までに全地球の気温が3度上がれば北極では6度上昇し、地表付近の永久凍土の30～85%が失われる可能性がある。

特に心配されているのが、温室効果ガスの大量放出だ。全世界の永久凍土にあるメタンや二酸化炭素（CO^2）の炭素量は、現在の大気に含まれる量の2倍。メタンの温室効果はCO^2の25倍ある。どれほどの影響がでるのか、専門家でもまだ見通せていない。

名古屋大学地球水循環研究センターの檜山哲哉教授は「永久凍土の融解が進めば温暖化は加速し、大地や植物だけでなく人間社会にも大きな影響を及ぼす。100年後、1千年後を見通すための研究が必要だ」と話す。

（サレハルド＝野瀬輝彦）

図1-2　2015年7月19日　朝日新聞

温暖化の影響でロシア北方の永久凍土が溶け、地中に閉じ込められていたメタンガスが出てきて爆発し、巨大な穴があいた。メタンガスは二酸化炭素の25倍の温暖化能力があるので、温暖化が進み凍土が溶ける状態が進むと地球温暖化が加速される危険があると科学者は警鐘を鳴らす。

2 戦後の急激な資源消費

異常気象が生まれてきた戦後はどのような時代だったのでしょう。鉱物資源の消費は、戦後（１９４５年～）に急激に増大してきました。例えば粗鋼の生産量は、戦後の約70年の間に15倍ほどに増えています。他の資源についても同じようなことが起きているとみられます。

資源消費が生み出す環境への影響

資源消費は消費で留まらずその影響はさまざまに派生していきます。例えば鉄鉱石は取り出して石のまま使うのではなく約１５００℃で熱して鉄を取り出します。しかも炉は一度冷やすと元の温度に戻すのに大変な熱がいりますので日夜フル稼働です。燃やすには酸素を使い排気ガスとして二酸化炭素を出します。セメントも石灰岩を熱して取り出します。生まれた鉄はそのままでは製品になりませんのでさまざまな加工をします。そのためには工場を建ててベルトコンベヤーをつくり稼働させ、できた商品を梱包し運送し販売ルートにのせます。これら一つひとつに資源が使われます。さらに廃棄されるときにもまた資源が使われ、二酸化炭素が排出されます。

温暖化ガスの一つフロンは戦前の１９２９年に米国のトーマス・ミッジリーがアンモニアに替わるガスとして開発し、以後、冷蔵庫やクーラーの冷媒液、暖熱材の発泡、半導体の洗浄、スプレーなどに大量に使われるようになりました（図１-３）。

温暖化ガスとは？

太陽の主な光は紫外線・可視光線・赤外線です。この中で特に赤外線が熱の運搬を行って

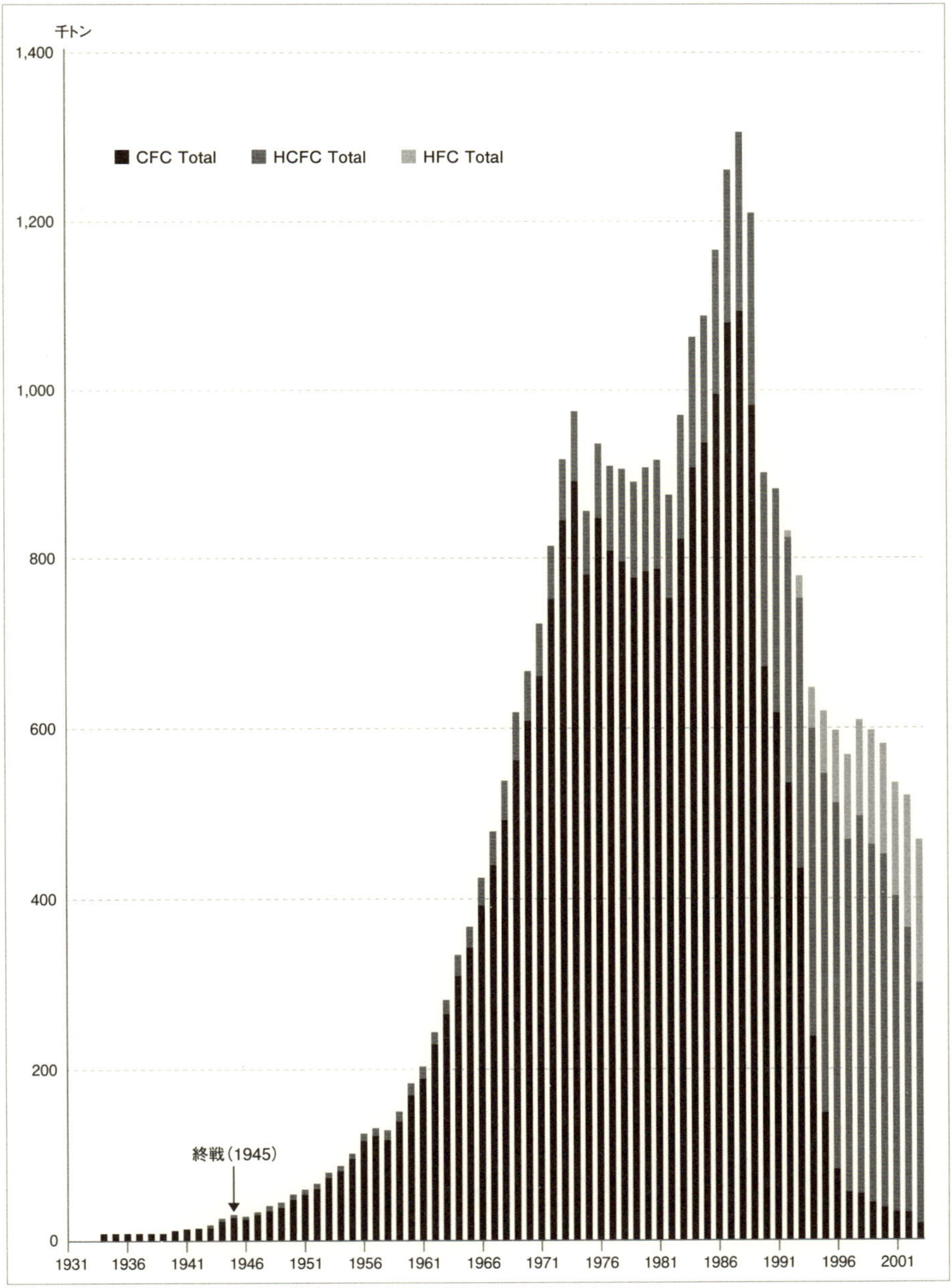

図1-3　フロンガス生産量の変化
出典：経済産業省ウェブサイト
（https://www.meti.go.jp/policy/chemical_management/ozone/elearning/instruction/1/1.html）を元に作成

います。赤外線は大気の主成分である酸素や窒素を透過しますが、温室効果ガスと呼ばれる二酸化酸素・メタンガス・フロンガスなどは赤外線の一部を吸収して発熱します。メタンガスは二酸化炭素の25倍、フロンガスは二酸化炭素の500～1万倍の温暖化能力があります。地球から出た熱線が宇宙に抜けず、これらのガスのところで熱に変わり地球を覆うことによって、地球の温暖化が進むといわれています。

二酸化炭素と熱帯雨林

熱帯雨林は赤道直下の樹林地帯で地球の緑の14％を占めていましたが、戦後70年ほどの間に6％にまで激減しました。樹木の葉は太陽の光と空気中の二酸化炭素および根から吸い上げた水を合成（光合成）し、自分の養分をつくります。吸った二酸化炭素は分解され炭素を栄養分として取り入れ酸素を放出します。戦後になってから二酸化炭素が急増し、二酸化炭素を吸収していた熱帯雨林が激減しましたので、両者のバランスが完全に崩れてしまいました。

10万年の気候変動と70年の環境異変

過去40万年間の地球は、10万年周期で10℃前後の気温変化を繰り返していました（図1-4）。太陽の活動を示す黒点が近年減少していることから、今は温暖期だがやがて氷河期に向かう説があります。しかし気になるのは、急激な環境異変が10万年でなく戦後の70年ほどで起きているとことです。地球規模の気候変動だけでは説明できないのではないでしょうか。

戦後の70年は急激に経済が成長し工業生産が進み温暖化ガスが大量に出された時期でした（図1-5）。経済成長と環境異変の間にどのような関係があったのかをこの後見てみたいと思います。

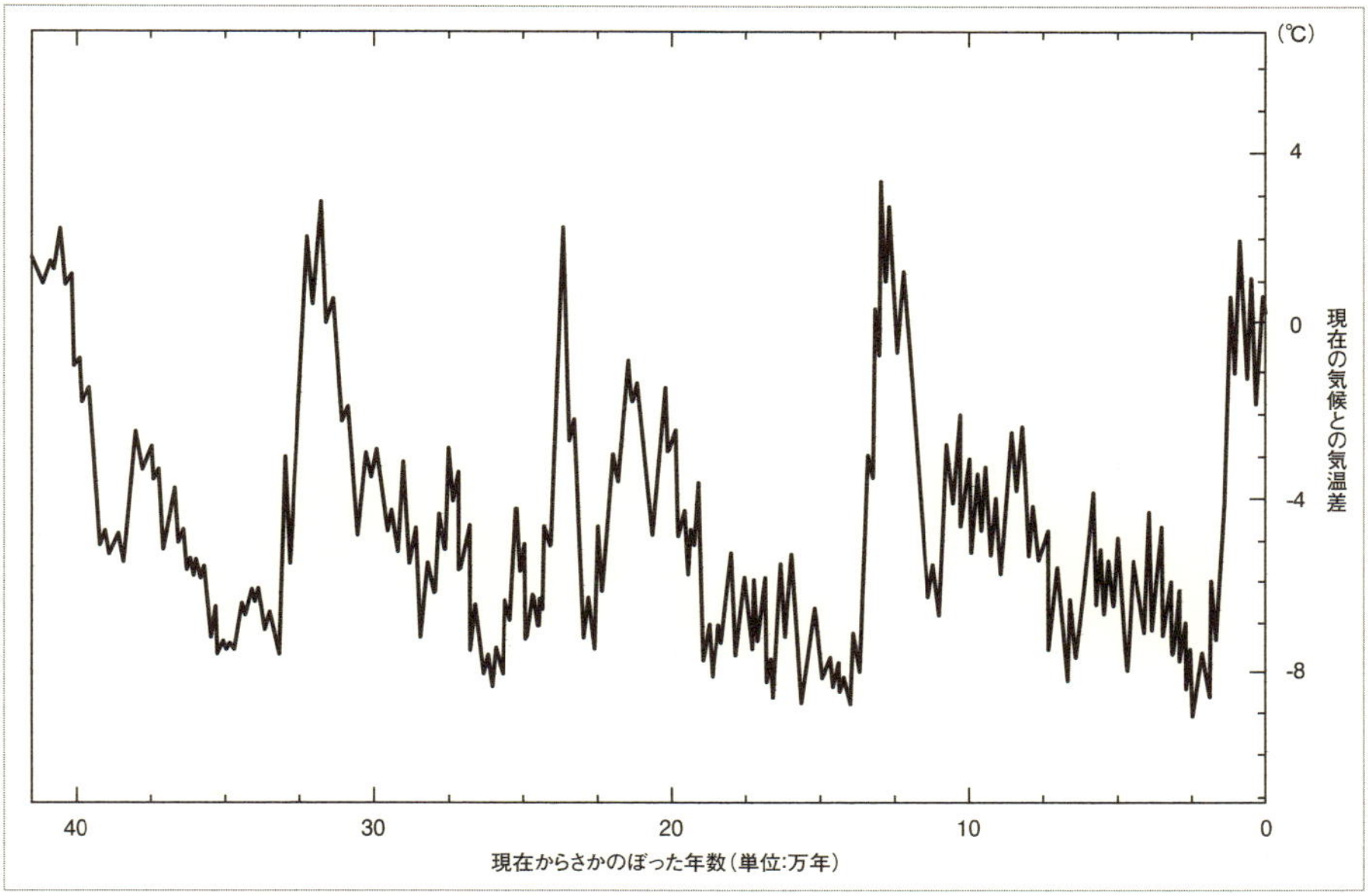

図1-4　過去40万年の気温の変化　出典：IPCC第3次評価報告書

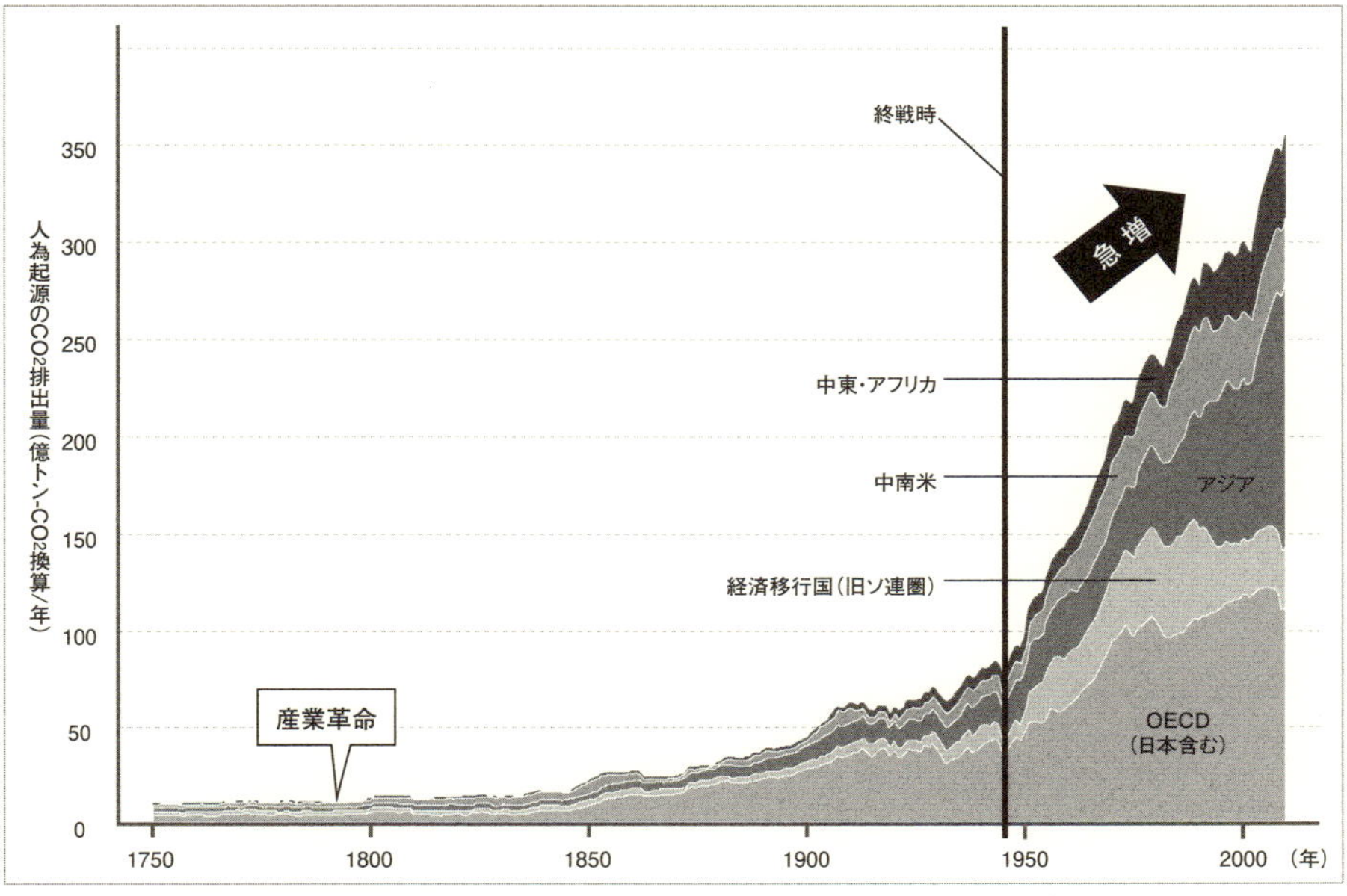

図1-5　二酸化炭素排出量の変化　出典：環境省ホームページ
（https://ondankataisaku.env.go.jp/communicator/learning/01.html）を元に作成

3 資源の枯渇と環境異変

50年前の警鐘

今から50年ほど前の1969（昭和44）年に、国連のウタント事務総長が「地球環境と人類破滅」についての演説をしました。環境異変が身近に起きていない時期でしたが、すでに地球環境が大変な時期にきていることへの警鐘でした。

「私は芝居がかっていると思われたくはないけれども、事務総長として私が承知している情報から次のような結論を下しうる。すなわち、国際連合加盟諸国が、古くからの係争を差し控え、軍拡競争の抑制、人間環境の改善、人口爆発の回避を目指して、世界的な協力を開始するために残された年月はおそらくあと10年しかない。もしもこのような世界的な協力が今後10年の内に進展しないならば、私が指摘した問題は驚くべき程度にまで深刻化し、われわれは、われわれ自身の未来を見出せなくなるだろう」

国連ウタント事務総長「地球環境と人類破滅」についての演説
1969（昭和44）年

50年前の環境予測

翌年の1970年に、資源・環境破壊などの全地球的な問題に対処するため、世界各国の経済人・科学者ら100人による「ローマクラブ」が発足し、そのメンバーであったメドウス博士が環境の予測をしました。1972年に発表されたその著書『成長の限界』の中で、資源を当時の速度で使い続けると2050年に枯渇すると指摘しています。

資源の枯渇

メドウス博士の発表から50年ほど経つので、この指摘が現実にどうであったかを確かめることができます。図1-6は2011年の『環境・循環型社会・生物多様性白書』（環境省）による資源埋蔵量を表したものですが、地下資源の多くはあと30〜70年ほどで枯渇する見込みですから、メドウス博士の予測とほぼ符合します。

ここで大事なのは、何年に枯渇するかの正確さではなく、戦後の急激な経済成長、工業化に伴って資源消費も急速に進んだことです。11ページ・図1-3のフロンガス生産量の急激な増大も、同様の背景があります。

環境異変と食料不足

メドウス博士は環境の悪化と合わせて2009年ごろに食料が減り始め、2050年の資源が枯渇する頃には大量の餓死による人口の急減が始まると予測しています。2018年の時点でどのようになっているかは検証できますので見てみましょう。近年の新聞記事を紹介します（図1-7）。

世界的に今まで経験が無いような異常気象が生まれています。雨の降らない地帯が内陸部で進行し、作物が収穫できない事態が身近に起き始めています。飢餓が身近にせまりつつあるといっても過言ではありません。メドウス博士の予測が現実化しつつあります。

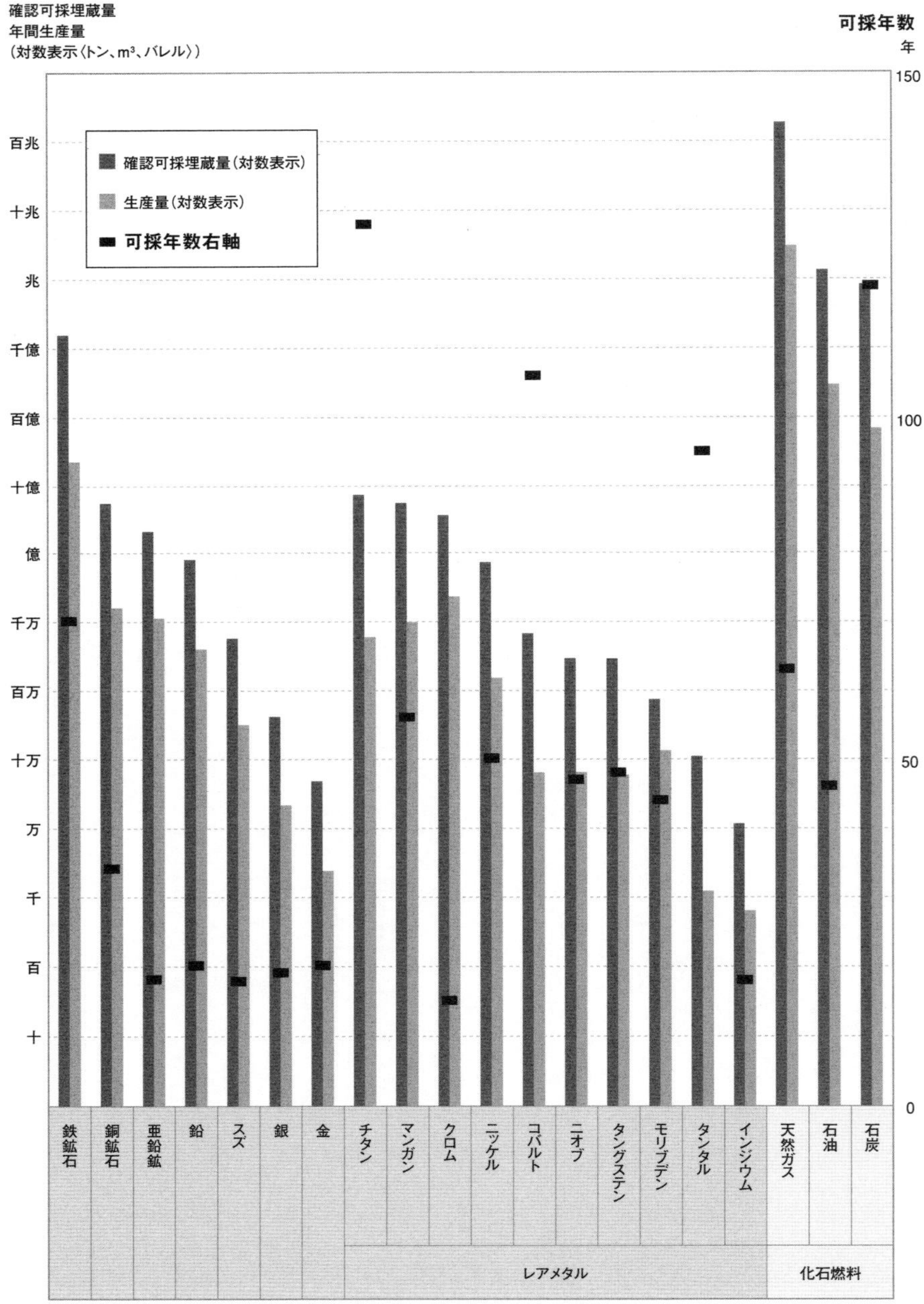

図1-6　世界の主な地下資源の確認可採埋蔵量・年間生産量（左軸、対数表示）及びその可採年数（右軸）
出典:『平成23年度 環境・循環型社会・生物多様性白書』（環境省）

世界発
2014

カンタレイラ複合貯水池の降水量の推移

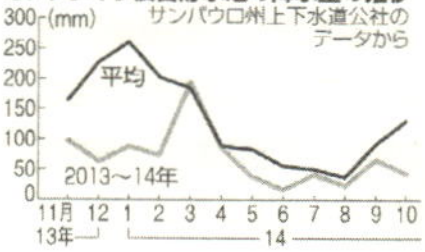

880万人の水がめ 窮地

ブラジル南東部 記録的大干ばつ

南半球最大の都市サンパウロを含むブラジル南東部で、深刻な水不足が起きている。過去80年間で最悪とも言われる記録的な干ばつで、貯水池の水位が大幅に低下。このままでは、数百万人の住民が水道を使えない非常事態に陥るおそれもある。

10月 貯水量3%に

高層ビルが林立するサンパウロ中心部から、車で北へ1時間半。雨期が始まった今月上旬、約10億立方㍍の規模を誇るカンタレイラ複合貯水池を訪れると、水が干上がり、広大な土地に草が生い茂っていた。

「このあたりは全て水だったんだ。消えてしまうなんて信じられない」。近くでホテルを経営するジョゼ・ヒカルド・ゴメスさん(78)は、水が豊富にあったという場所を指さしながら言った。かつては船が行き交い、観光客は魚釣りを楽しめたが、この1年ほどで水が消えたという。

六つのダムからなるカンタレイラ複合貯水池は、サンパウロと周辺都市の約880万人に水を供給してきた。ゴメスさんは「この地域にとっては命の水。なくなれば、町が死んでしまう」と心配する。

これまでは、雨期にあたる11月から翌年3月の雨が貯水池を満たしてきた。だが、ブラジル南東部では昨年から、記録的な干ばつが発生。降水量は平均を大きく下回る状態が続き、最も少ない時で約3分の1に落ち込んだ。

ダムの貯水量は過去最低を更新し続け、10月には満水時の3%になった。サンパウロ州上下水道公社は苦肉の策として、取水口よりも低いダムの底にたまる水の利用を決定。計算上の水量は10%台に回復したが、危機的な状況は変わっていない。

国立気象観測所のマルセロ・シュナイデル氏は「記録的な少雨に加え、高温の日が続き、ダムの水が急速に減った。今後、平年並みの雨が降ったとしても、水位が元に戻ることはないだろう」と警告する。

ブラジルでは10月、各地で気温が過去最高記録を更新。カンタレイラ以外の貯水池でも、水量が減り続ける。ブラジル水資源庁のビセンテ・アンドレウ長官は10月下旬、国会で「今後も雨が降らなければ、お手上げだ。水を求めて泥にもぐるしかない」と発言。さらに、こう述べて周囲を驚かせた。「この地域が、これまでになかったような形で崩壊に至る危険がある」

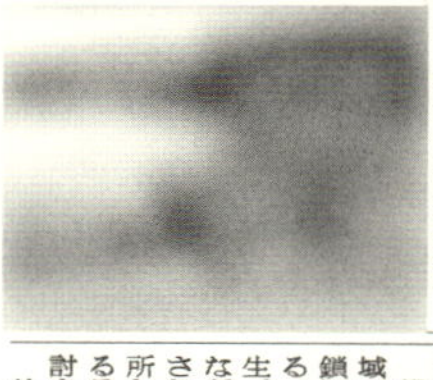

㊤水が干上がった9月のカンタレイラ複合貯水池のダム＝ロイター ㊦水があったころの貯水池＝ジョゼ・ヒカルド・ゴメスさん提供

給水制限 デモに発展

影響はすでに広がりつつある。水不足対策として、サンパウロ州が水道の水圧を下げたため、蛇口をひねっても水が出ない地域が続出。サッカー・ワールドカップのブラジル大会で日本代表のキャンプ地があったイトゥでは、大規模なデモが数回発生し、10月中旬には市民らがバスに放火する事件も起きた。デモはほかの都市にも広がり、「水泥棒」も現れているという。

報道によると、多くの地域で給水制限がなされ、閉鎖に追い込まれた学校もある。各地で森林火災も発生。サトウキビやコーヒーなど農産物への影響が懸念されているほか、水力発電所も水不足で出力が低下することから、計画停電も検討されている。

サンパウロ州は、水の利用を控えるほど水道料金が割安になる制度を導入。下水を再利用したり、隣のリオデジャネイロ州が使っている水を引いたりする計画も進めている。一方で、水道管から漏れるなどして2割以上の水が無駄になっており、インフラの未整備を批判する声も出ている。

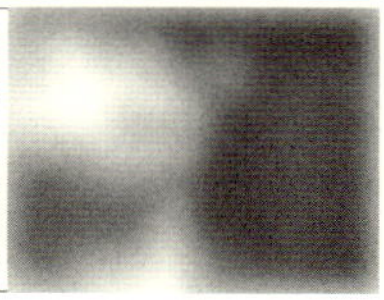

ブラジル・イトゥで10月27日、給水制限に抗議し道路を封鎖する人々＝ロイター

アマゾン伐採一因か

そんな中、環境学者らが10月末、サンパウロで記者会見し、アマゾンの熱帯雨林の伐採が異常気象の一因になっていると報告した。大規模な伐採で、過去40年間に森林の20%が消失した結果、雨を降らすのに十分な水蒸気がアマゾンから発生しなくなったという。

中心になった国立宇宙研究所（INPE）のアントニオ・ノブレ氏は「今後さらに研究が必要だが、サンパウロの干ばつも無関係ではない」と話す。その上で、「水不足には暴力が伴うことも忘れてはならない。将来は水をめぐる争いがより顕在化するだろう」と警鐘を鳴らす。

水問題の専門家で国連環境アドバイザーを務める、グローバルウォータ・ジャパン代表の吉村和就《かずなり》氏は、ブラジルが水道の漏水対策や農業での節水に取り組んでこなかった点にも問題があったと指摘。「ブラジルの反省点から各国が学ぶべきことは多い。水不足は地球全体の問題で、決して対岸の火事ではない」と警告する。（サンパウロ＝田村剛）

図1-7　2014年11月22日　朝日新聞

ブラジル南東部で、過去80年間で最悪ともいわれる記録的な干ばつが起き、深刻な水不足が起きている。環境学者らは、アマゾンの熱帯雨林の伐採が異常気象の一因になっていると報告した。

マイクロプラスチック

便利でなくてはならない存在にまでなったプラスチックが、生態系に深刻な影響を与える事態に直面しています。

ふ化直後のウミガメ90匹が弱って海岸に打ち上げられ、亡くなった3分の1ほどを解剖したら、マイクロプラスチックが体内から見つかりました（図1-8）。陸にあげられたクジラの内臓からプラスチック類が見つかるなどの話題があとを絶たなくなってきました。魚介類を食べる人間にそのつけが回ってくると危惧されています。

合成繊維の衣類は無くてはならないくらいに日常に使われていますが、これを洗濯すると「たくさんの目に見えない小さな繊維くずが発生して海へ流入しマイクロプラスチック増加の一因となっている」といわれています（図1-9）。単にごみの処分方法だけの問題ではなくなりつつあります。

酸性化が進む海

大気中の二酸化炭素濃度の上昇と関連して海洋の酸性化も進んでおり、「酸性化の影響で、魚など多様な生物をはぐくむサンゴや海藻が失われていく可能性がある」といわれています。伊豆諸島の式根島海域には、海底から二酸化炭素が噴出している影響で酸性度が高くなった一角があり、「将来の海」のモデルとして科学者の手で調べられています（図1-10）。

ウミガメ赤ちゃん　微小プラごみが殺す

海岸に打ち上げられて世話を受けた後、海に放された、ふ化直後のアカウミガメ　© Loggerhead Marinelife Center

微小化するプラスチックごみが、ふ化直後のウミガメの脅威となっていることが確かめられたと、米ジョージア大学などの研究グループが米化学会誌『エンバイロンメンタル・サイエンス・アンド・テクノロジー』（17日付）に発表しました。

研究グループは、米フロリダ州の海岸でふ化して大西洋に泳ぎだした後、しばらくしてふたたび海岸に打ち上げられたウミガメ96匹を見つけました。弱ったこれらのウミガメの世話をした結果、半分近くはもう一度海に放すことができましたが、残りは死んでしまいました。

死んだウミガメのうち27匹を解剖して調べた結果、ほとんどが微小化したプラスチックを摂取していたことがわかりました。海に放出されたプラスチックごみは時間とともに壊れ、どんどん小さくなり、より小さな動物によって摂取されるようになると考えられています。

研究グループは、微小化したプラスチックがウミガメと同じぐらい小さな生物に悪影響を及ぼしているとしたら、食物連鎖を通じて海の生態系の脅威となっていると指摘しています。

図1-8　2018年9月24日　しんぶん赤旗
微小化するプラスチックごみがふ化直後のウミガメの脅威となっていると、米ジョージア大学などの研究グループが米化学会誌『エンバイロメンタル・サイエンス・アンド・テクノロジー』（2018年9月17日付）に発表。フロリダ州の海岸でふ化して海に泳ぎ出したのち弱って海岸に打ち上げられて死んだウミガメを解剖した結果、ほとんどが微小化したプラスチックを摂取していた。

暮らしのはて？なぜ？

化学繊維が海を汚す？

世界中の海を大量のプラスチックごみが漂い、海鳥などが飲み込んで死んだりして問題になっています。最近では、魚介類から、プラスチックごみの中でも大きさが5ミリ以下の微小なプラスチック（マイクロプラスチック）が検出され、人間への影響が懸念されています。

米ペンシルベニア州立大学のメリク・デミレル教授は16日、米国科学振興協会（AAAS）の年次総会で、ポリエステルやナイロンなどの化学繊維を洗濯するとたくさんの目に見えない小さな繊維くずが発生して海へ流入しマイクロプラスチック増加の一因となっているとして、天然の繊維あるいは微生物の分解を受けやすい合成繊維に切り替えるよう訴えました。

デミレル教授は、洗濯機や乾燥機などから出る洗濯水をフィルターでろ過したときに、いかに大量の繊維くずが発生するか、実験結果などをもとに説明。フィルターがついていなければ、そのまま流され、最終的に海へ流入することになると警告しました。

ウールや絹、綿、麻などの天然繊維であれば、洗濯くずも微生物の分解を受けやすいので化学繊維の洗濯くずのような問題は起きないと説明。それでも、これらの天然繊維は値段が化学繊維より高いことや、利用を増やせば飼育や栽培に伴う環境問題も発生する可能性があると指摘しました。

そのうえで、自ら開発したイカの"歯"のタンパク質を利用した合成繊維を紹介。それによると、この合成繊維は破損しても水と圧力を加えることで修復できること、自然の材料なので微生物による分解も受けやすいとアピールしました。

フィルターに集められた洗濯くず　©Patrick Mansell

図1-9　2019年2月25日　しんぶん赤旗
米ペンシルベニア州立大学のメリク・デミレル教授が、米国科学振興協会の年次総会(2019年2月16日)で、ポリエステルやナイロンなどの化学繊維を洗濯すると小さな繊維くずが発生して海に流入しマイクロプラスチック増加の一因となっていると発表。天然の繊維や微生物の分解を受けやすい合成繊維に切り替えるよう訴えた。

酸性化の進む海　生態系に影響は

将来の姿探る糸口に

式根島付近で調査

都心の南約160キロ、式根島（東京都新島村）近くの二酸化炭素が噴き出す海底で、筑波大の研究者らが「海洋酸性化」の影響を調査している。大気中の二酸化炭素濃度が上昇した影響で、海では酸性化が進んでおり、生態系への影響について研究者の関心が高まっている。

海底の割れ目から噴き出す二酸化炭素の泡＝6月5日、東京都新島村の式根島沖、諫山卓弥撮影　デジタル版に動画

6月、記者が潜水調査に同行した。式根島南側、御釜湾近くの深さ10メートルほどの海底で、砂を巻き上げながら泡がぼこぼこと噴き出していた。手を近づけると熱く、あちこちから立ち上る泡は光るカーテンのようだ。地元のダイバーたちは「海中温泉」と呼ぶ。

筑波大下田臨海実験センターの和田茂樹助教（生物海洋学）によると、噴き出す気体は、ほぼ二酸化炭素。硫化水素はほとんど含まれない。海水の表面付近の水素イオン濃度指数（pH）は一般的に8・1程度で弱アルカリ性だが、式根島の噴出場所では酸性に近づき、pHが7前後。同じような環境はイタリアのイスキア島やパプアニューギニア、硫黄島などでしか報告されておらず、なぜ二酸化炭素が噴き出すのか、詳しい理由はわかっていないという。

筑波大のメンバーは4年前から年10回ほど式根島で潜って調査。噴出場所から約100メートル離れたpH7・5〜7・9のエリアと酸性化の影響がないエリアで、海藻の光合成や生育への影響を比較している。

噴出場所に近い所ではサンゴが見当たらず、海藻がはうように広がる。石灰質の構造をもつ「石灰藻」と呼ばれる藻も少ない。他の海域とは魚の種類も違うという。

和田助教は「酸性化の影響で、魚など多様な生物をはぐくむサンゴや海藻が失われていく可能性がある。酸性化が進んだ『将来の海』をここで観測し、何が起こるのか知りたい」と言う。（中山由美）

図1-10　2018年7月25日　朝日新聞
大気中の二酸化炭素濃度が上昇した影響で、海の酸性化が進んでおり、生態系への影響について研究者の関心が高まっている。筑波大学下田臨海実験センター・和田茂樹助教授らは、式根島（東京都新島村）近くの二酸化炭素が噴き出す海底で「海洋酸性化」の影響を調査している。和田教授は「酸性化が進んだ『将来の海』をここで観測し、何が起こるのか知りたい」という。

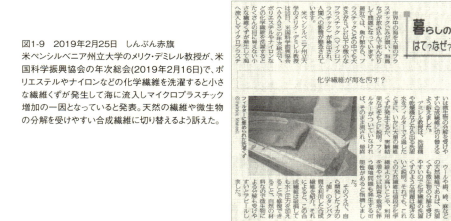

環境ホルモン

化学物質が生物の体内であたかもホルモンのようにふるまい、生体内のバランスを崩す作用を指しています。ダイオキシン・ＰＣＢ・農薬・プラスチック・界面活性剤などがその対象となります。ダイオキシンは塩化ビニールや塩化ビニリデンが３００～４００℃で燃やされたときに発生しますので、高温での焼却にすれば解決するのですが、非常に安定した科学物質のために、一度つくられると海・川・土壌を汚染し続けるのが問題になります。生体に入ってからも分解されずに脂肪などに蓄積されます。汚染された土壌や河川で育った作物・魚介を食べると、生物の体内に蓄積され、その濃度は高くなっていきます。生態系の上位に行くほどその蓄積は大きくなっていきますから、その頂点に立つ人間はその影響を避けて通れなくなります。

船舶の船底塗料内の有機スズ化合物の影響で、近海の巻貝のメスがオス化することがわかっています。有機スズは１９９０年に船舶使用が禁止されましたが、農薬類は10万種類が危惧されながら未解明状態です。

北海道立衛生研究所健康科学部生活保健科研究員の小島弘幸氏は「環境ホルモン問題は生物のメス化やオス化に関わるという単純な話ではなく、これまでの多種・多様な化学物質に依存してきた社会に警告を発していると考えるべきでしょう」と、雑誌『しゃりばり』No.２８２（一般社団法人北海道総合研究調査会、２００５）に掲載された記事「環境ホルモン問題の現状とこれから」にて述べています。

酸性雨

石炭・石油が燃焼して硫黄酸化物（ＳＯｘ）や窒素酸化物が生まれ、これらが大気中の水分と反応して硫酸・硝酸となり、雨に溶けて酸性雨となります。工場や車の排気ガスが大きな影響を与えています。煙突を高くすることで地域への影響を減少できても大気への拡散は止まらず、高域に広がっていきます。

酸性雨は樹木の立ち枯れや湖沼の生物の死滅、人の喘息・目や皮膚の異常を招きます。水素イオン濃度（ｐＨ）５．６より小さい数字（７が中性で小さくなると酸性が強くなる）を指し、日本でも降る雨の７～８割が酸性雨といわれています。環境庁の酸性雨対策検討会による第三次調査結果から、生態系への影響まで踏み込んだ見解を示すようになりました。湖沼には酸性化を中和する能力（緩衝能）がありますが、この限界を超えると急速に酸性化が進み、底土の有毒な重金属が溶け出し、湖の生態系に大きな影響が出始めます。ｐＨ５以下の強酸性下では生命はほとんど生息できなくなるので死の湖となります。

コンクリートのアルカリ性が中性化する速度も早めるので、構造物の寿命を早める問題も起こします。

乱獲

「乱獲がこのまま続けば２０４８年までにアジア太平洋地域の沿岸や海での漁獲可能な魚はいなくなる」という報告書が、国連の科学者組織から出されました（図1-11）。魚群探知機や大型船や漁獲機械の進歩により根こそぎ漁穫できるようになり大変便利な社会がおとずれましたが、それがもたらす結果が何かを語っています。

海の恵み「今世紀半ばにゼロ」

アジア・太平洋地域で乱獲続けると…

国連が報告書

乱獲などが続けば、今世紀半ばにアジア・太平洋地域の沿岸や海で漁獲可能な魚がいなくなるなどとする報告書を、国連の科学者組織「生物多様性および生態系サービスに関する政府間科学政策プラットホーム」（IPBES）が23日、公表した。世界の4地域で、生物多様性やそのもたらす恵みの現状について、初の評価報告書をとりまとめ、コロンビアで開かれた総会で承認された。

アジア・太平洋地域の報告書は、世界の養殖の9割が集中し、東南アジアでは2000年以降、漁獲量が大幅に減っているなどと指摘。環境負荷の高い養殖や乱獲、収奪的な漁業が、沿岸や海洋の生態系の脅威になっているとし、現状のような水産業のあり方では、48年までに漁獲可能な魚はいなくなると警告した。

地球温暖化の影響を抑えても、50年までにサンゴの90%が傷み、適切に管理されたサンゴ礁も年1～2%ずつ失われると予測。プラスチックごみを運ぶ量が多い川は、世界の上位10本中8本がアジアにあり、これらの地域が世界の海ごみの88～95%を生み出しているとした。（小坪遊）

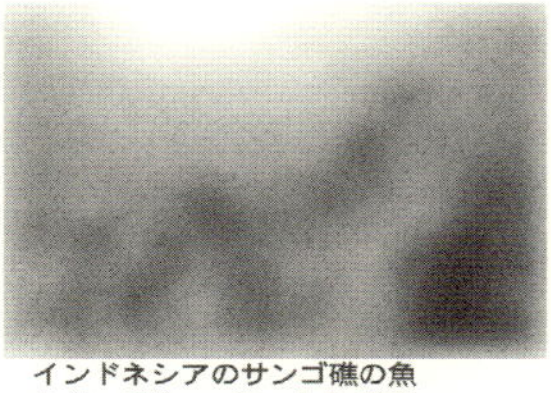

インドネシアのサンゴ礁の魚たち＝Ethan Daniels氏撮影、Shutterstock.com提供

図1-11　2018年3月24日　朝日新聞
国連の科学者組織「生物多様性および生態系サービスに関する政府間科学政策プラットホーム」が、乱獲などが続けば今世紀半ばにアジア・太平洋地域の沿岸や海で漁獲可能な魚がいなくなるなどとする報告書を公表した。

ニシン御殿

江戸期に北海道に渡った漁業者は、産卵のために海岸に近づいてくるニシンを一網打尽にとり尽くし一財産を築き、その一部が豪邸になりました。ニシン御殿はこの建物を指します（図1-12）。現在も北海道に一部が保存されています。

活況を極めたニシン漁は、漁獲量が減ると漁場を北に移しながら続きますが（図1-13）、やがて全くとれなくなって華やかだった時代は終わりを告げます。生殖に集まる魚を全てとり尽くしたら次の世代が生まれなくなりますから、その先どうなるかは見当がつくことで、予想外の事態が生まれたわけではなかったのです。

先住のアイヌ民族は一年にとる魚の量をわきまえていたといわれます。自然の生態系に素直に向き合っていました。

人新世

以下は、福山市立大学准教授・桑田学さんが「人新世《じんしんせい》」について2018年8月20日の朝日新聞の記事で語っている内容です（一部抜粋）（図1-14）。

「（400万年まえの『洪積世《こうせきせい》』に続いて）約1万1700年前から続く『完新世《かんしんせい》』が終わって、地球が『人類の時代』を意味する新しい地質年代に入ったのではないかと、世界の研究者の間で議論されています。地層に含まれる化石や岩石から環境の変化を読み取って地質年代が区分されますが、人間の活動が小惑星衝突や火山の大噴火に匹敵するような恒久的な痕跡を残すほどになったのです」

「二酸化炭素による大気組成の変化や、人工的なプラスチックやコンクリート、放射性物

図1-12　ニシン御殿
祝津の田中家番屋。ニシン漁の網元家族と漁師が寝泊りした。屋根の上に載る塔屋は、海岸に近づくニシンを夜通し見守る見張り台。

図1-13　ニシン漁の北上

質などの地層への堆積です」

「（人新世が本格的に始まったのは）第二次世界大戦以降の人間活動の爆発的拡大期です。CO_2濃度の上昇やオゾン層や生態系の破壊、海洋酸性化など様々な指標で急激な変化が起きています」

「気候が後戻りできないほど変質し、破滅的な災禍をもたらすという危機感があります」

「生存を可能にしてきた条件を、人間自身が踏み越えつつあることこそ、人新世が示す大事な点です。完全に制御できない自然が、生存を支えたり、脅かしたりすることを、改めて自覚する機会でもあります」

「使用済み核燃料の保管期間は10万年です。途方もないタイムスケールで荒廃させた世界の中、決定的な気候変動や地球史で6度目となる種の大量絶滅の進行に、たびたびおびえ続ける。人間に待ち受けるのはそんな未来かもしれません」

文化・文芸

bunka@asahi.com

日曜～金曜掲載

夏の集中講座 ミライ×ヒト 5時間目 人新世《じんしんせい》

地質に痕跡 後戻りできぬ人類

「人間は、自然のうちで最も弱い一本の葦《あし》にすぎない。しかしそれは考える葦である」

パスカル（1623～62）がこう評した、もろい生き物のはずの人間は近代以降、「知」を力にして自然を征服していった。今、地球の歴史も変える段階に到達し、人間による新しい地質年代「人新世」が提唱されている。どう考えればいいのか、桑田学さんに聞いた。

福山市立大学准教授

桑田学さん

くわた・まなぶ　1982年生まれ。専門は経済思想史。著書に『経済的思考の転回』。

授業のポイント

○「人類の時代」が到来？地質に人間の恒久的な痕跡が刻まれている

○気候の非常事態は目の前に。人為的な気候改変技術の研究が進む

○苦境に立つ人類。制御できない自然を受け止め、生存の条件を改めて自覚する

惑星衝突や噴火に匹敵

――人新世とは何ですか。

「約1万1700年前から続く『完新世』が終わって、地球が『人類の時代』を意味する新しい地質年代に入ったのではないかと、世界の研究者の間で議論されています。地層に含まれる化石や岩石から環境の変化を読み取って地質年代が区分されますが、人間の活動が小惑星衝突や火山の大噴火に匹敵するような恒久的な痕跡を残すほどになったのです」

「二酸化炭素（CO_2）による大気組成の変化や、人工的なプラスチックやコンクリート、放射性物質などの地層への堆積です。まだ承認されていませんが、国際的に地質学関連の学界で検討が進んでいます」

――いつ始まったのですか。

「1784年、ワットが蒸気機関の実用化に成功した産業革命を象徴する年という意見があります。石炭燃焼の開始を起源とします。最近有力なのは、第2次世界大戦以降の人間活動の爆発的拡大期です。CO_2濃度の上昇やオゾン層や生態系の破壊、海洋酸性化など様々な指標で急激な変化が起きています」

――素晴らしい時代のような響きがありますが。

「2000年に最初に提起したのはオゾンホールの研究で知られ、ノーベル化学賞も受けたパウル・クルッツェン氏です。気候が後戻りできないほど変質し、破滅的な災厄をもたらすという危機感があります」

――桑田さんがお勤めの広島県は7月の西日本豪雨で大きな被害を受けました。その後、被災地を含めて連日の酷暑です。

「世界全体が気候の非常事態を迎えつつあるとの危機感が広がっています。大気中の温度上昇が臨界点を越えれば、永久凍土の溶解や氷床崩壊が起きて、海流の循環が変わる恐れさえある。様々な破滅的事態を連鎖的に引き起こしかねません」

地球を改変 誰の責任か

――こうした事態を招いたのは人間だったという反省の表れが「人新世」ですか。

「そうした面もありますが、単純には言い切れません。クルッツェン氏らは、成層圏に硫酸エーロゾルを散布して温暖化を抑える研究の推進を求めています。微粒子が大気を覆って太陽光入射の反射率を高め、地球を冷却します。『気候工学』と呼ばれる人為的な気候改変技術の一つです」

――荒唐無稽に思えますが。

「上空20キロほどで飛行機から散布するだけなので、コストも安くすむと言われます。国際的なCO_2削減がなかなか進まないなか、気候の非常事態に備えて、本格的に研究を進めるべきだという主張です」

――科学技術がもたらした危機を、科学技術で解決ですか。

「意図的ではないにせよ、地球を大規模に改変してしまった。そうした力を持った人間の責任として、今後は地球の賢明な管理者になるんだ、という発想があります」

――人間の自然破壊の歴史を根本的に反省しないと。

「注意しなければならないのは、人新世は『人類』と一般化しますが、現在の状況の責任は、すべての人類が負うものでしょうか。西洋近代の資本主義の歴史と切り離せません」

「その成長は非西洋世界を植民地化したことで成り立ちました。資源や土地、労働力を、自国の外部から収奪してきた結果です。日本も収奪した側に含まれます。人新世を『人間由来』と語ることは、責任の所在を隠してしまう。『資本新世』と呼ぶべきだとの意見もあります」

――一方で、自然に翻弄されるもろい存在から脱することは進歩と刷り込まれてきました。

「火を使う人間の特性ゆえ、人新世に必然的に到達したのだ、と時に説明されます。自然に対する人間の圧倒的な勝利と素朴に言われます。しかし、生存を可能にしてきた条件を、人間自身が踏み越えつつあることこそ、人新世が示す大事な点です。完全には制御できない自然が、生存を支えたり、脅かしたりすることを、改めて自覚する機会でもあります。気候工学のような技術まで検討されるのは人類の苦境の表れなのです」

――人間は生き延びることができるのでしょうか。

「CO_2が安定した水準に戻るには数百年から数千年かかるとされます。使用済み核燃料の保管期間は10万年です。途方もないタイムスケールで荒廃させた世界の中、決定的な気候変動や地球史で6度目となる種の大量絶滅の進行に、ただただおびえ続ける。人間に待ち受けるのはそんな未来かもしれません」

（聞き手・宮本茂頼）

図1-14　2018年8月20日　朝日新聞

「人新世」について、福山市立大学准教授・桑田学さんへのインタビュー。

機械や工業材料はそのものを生み出すのに多くの資源を使い環境へのダメージを生んでしまう

戦後の急激な環境変化は、工業生産を伴う経済成長と深く関わって進行してきました。高度な知能を持つ人間は新たな試みに挑戦し、そこで問題が生まれるとその都度修復を行ってきました。人間は今までの恐竜などとは違って、自然をコントロールする能力をも身につけて生態系の頂点に立ったのです。もう怖いものはありません。そのはずだったのです。しかし戦後の環境変化は、単に地球の歴史が歩んできたその途上の一時では無い可能性が色濃く見え始めてきました。

人の暮らしをより快適にするための知恵も努力も惜しむものではありません。先人は1000年を超えてその積み上げをしてきたと思われます。現代と大きく異なるのは、機械や工業材料に頼らないできたことです。機械や工業材料を使うことは利便で省力になりますが、一方でそのものを生み出すのに、運転するのに、廃棄するのに、買い替えるのに、多くの資源を使い環境へのダメージを生み出しかねないのです。それは前出の資料が少なからず物語っています。そこにメスを入れない限り、環境を取り戻す根本的な解決はできないのです。

省エネでなく省資源

資源を使う量はものの価格に表われます。優れた省エネエアコンを使って消費電力が大幅に減っても、その機械を生み出すのに何十万円という資源を使い、10年ほどで寿命がくると廃棄に資源を使い、新たな機械にまた資源を使うことになるのです。私たちが直面している事態にこのまま行ってほしくないと思うと、省エネだけではなくどれだけ省資源になっているかを合わせ見ていく必要があります。材料にしても、生み出すのにどれだけ資源を使って加工しているのかを見ればよいのです。壁材料を例にとると、セメント系は石灰岩を高温で燃焼させてつくりますが、旧来の土壁はそのような加工は全く必要ありません。省資源で見れば後者はダントツに優れています。

大量生産・大量消費から高耐久・低消費へ

戦後の経済は大量生産・大量消費が基本にありました。低耐久であるほど、経済活性化に貢献したのです。千駄ヶ谷駅前に建設中のオリンピック競技場は、その前にあった競技施設を55年で壊し、約1500億の工事費をかけてつくっています。資源の消費から見ると大変なことが起きています。世界最古の木造建築といわれている法隆寺は建てられてから1300年が経過しています。そこまでは現実的でないにしても、民家が実証してきた200~300年ほどの耐用は考えたいものです。現代のような先進の技術が無かった時代にすでに当たり前のようにやってきたのですから、できない話ではありません。

機械や工業材料に極力頼らないパッシブな暮らし

今から数十年ほど前までは、エアコンもコンビニも身近にはありませんでした。便利なものに頼れない時代はどんな暮らしを営んでいたのでしょう。四季の移り変わりを避けて通れませんから、向き合うしかありませんでした。冬は豊富な食材が収穫できませんから、干し柿・梅干し・新巻鮭などの保存食を考え出しました。

現代は冷凍食品が出回り、ハウス栽培で季節外れの野菜が生産され、いつでも何でも手に入れることができるようになりました。外と隔絶した殻で覆った室内は1年中春の世界がつくれるようになりました。至極便利な時代になりましたが、自然と向き合うことも工夫することも必要としない暮らしに変わっていきました。木造住宅がシロアリに食べられてはたまりませんから防蟻剤を木部や地面に散布しますが、かつては薬を一滴も使わずその害から防ぐ術を持っていました。シロアリ（大和シロアリ）は水分が長く続くところに生育しますので、木部を通気の良い環境におく木組みをしました。それだけで食べられなくなるのです。優れた防蟻剤が出回ると、シロアリに向き合ってどのような生育条件を好むのかを見極める必要がなくなり、いつの間にか薬しか頭に浮かばなくなってしまいました。

現代の便利な営みには機械や工業材料が不可欠ですから、資源の急速な枯渇や環境へのダメージを伴うようにもなったのです。これを回避するには、もう一度自然と正面から向き合うことが必要です。なぜなら、便利な機械や工業材料に頼らないなら、自然の営みを知って利用していくしかないからです。この捉え方をパッシブと呼びます。「機械類を全く使わずに」と言っているのではありません。「これらに頼らなくてもそれ以上のものが大した労苦も無く生み出せるならそうしませんか」という話なのです。そこでまず、自然と正面から向き合いその原理を知ることから出発したいと思います。

第2章
太陽からのおくりもの／暑さ・寒さの感じ方

広島県 鞆の浦

『むくり』No52より

広島県南東部、瀬戸内海に面する。新潟の米を大阪に運ぶ北前船の寄港地としてにぎわい、現在も当時のたたずまいが多く残る。風の力を利用して航行する船であったため機械や燃料は全く使わない究極の省資源輸送であった。

1 太陽からのおくりもの1　紫外線は殺人線

紫外線・可視光線・赤外線

太陽からは主に紫外線・可視光線・赤外線が地球に降り注がれています。この中で人間の目で見られるのは可視光線だけで、紫外線と赤外線は見えません。どれも光のエネルギーではありますが、各々波長も特徴も異なります。紫外線の波長が最も短く可視光線が中ほど、赤外線が長くなります（図2-1）。可視光線は波長の短い紫から長い赤まで分布します。紫外線は紫の外にあるので紫外線、赤外線は赤の外にあるので赤外線と呼ばれます。

紫外線の特徴1　色があせる

窓際に置いたカラー写真や印刷物が色あせてしまう経験があると思います。これは紫外線が色素を分解してしまうからです。特に赤が破壊されやすいといわれています。書棚を窓際の明るいところに持ってくると、せっかくの本が台無しになってしまいます。

紫外線の特徴2　殺菌

紫外線には殺菌力があります。病院や床屋さんで電子レンジ大の青いガラスがはまった箱を見かけることがあります。これは紫外線による殺菌機で、床屋さんは中に櫛やハサミなどを入れていました。洗濯物を天日にあてて干すのは単に乾かすだけではなく、紫外線による殺菌も行っていました。

農家は田植えが終わり梅雨が明ける頃に、部屋の畳をあげて天日に干していました（図2-2）。それは梅雨時にたくさん水蒸気を吸った畳を乾かし、畳内のダニなどを紫外線で殺すためで

紫外線	可視光線	赤外線	
	紫　～　赤	近赤外線	遠赤外線
0.01～0.4μm	―	0.7～4μm	4～1000μm

図2-1　光の波長

した。薬を一滴も使うことなく、自然界の営みを応用して乾燥と殺菌を同時に手に入れていました。優れた省資源ですが、薬のような負荷を環境にかけないところも優れています。

紫外線は殺人線であった

今の地球にふり注ぐ紫外線に人を殺す力はありません。しかし地球の歴史46億年の約半分は、強い紫外線が降り注いでいたために生命がほとんどいませんでした。

10億年かけて築いた紫外線フィルター　オゾン層

地球誕生から26億年ほど経ったころに、海や湖の紫外線の影響が少なくかつ光が届く水深10メートルくらいのところで藻類が生まれ始め、栄養源をつくる光合成が営まれるようになりました。光合成は二酸化炭素と水と光を合成して養分をつくる行為で、酸素（O_2）を放出していました。この酸素は水中から空気中に出ていき上昇し、地表面から30～40キロメートルほどのところに酸素3原子がくっついたオゾン（O_3）がつくられていきました。それから10億年ほどの歳月をかけて現在の厚さになるにつれて、太陽からの紫外線を徐々にカットするようになった結果、殺菌のレベルまでになったのです。紫外線が減少するにつれて、徐々に地表で生きる生命も増えていきました。現在の地球が殺菌程度でおさまっていられるのは、この途方もない歳月がつくり出したオゾン層のおかげなのです（図2-3）。

オゾン層に異変

しかしこのオゾン層に異変が起き始めました。１９８４年に南極上空のオゾン層にオゾンホールが発見されました。科学者はこの原因がフロンガスによることを突き止め、１９８７

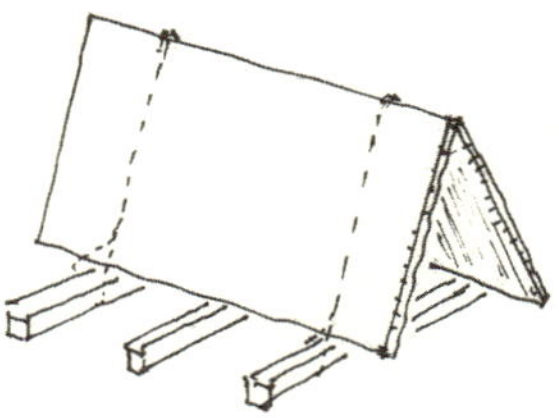

図2-2　農家の畳干し

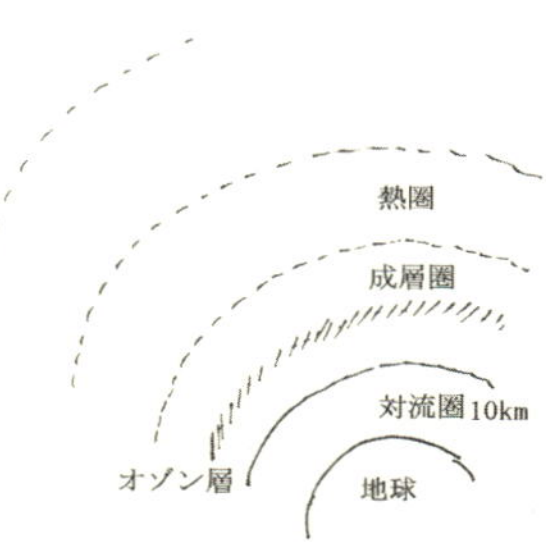

図2-3　オゾン層の位置

年のモントリオール議定書で、オゾン破壊係数の高い5種類のフロンガスを世界的に使用禁止にしました。しかしその後、新たに北極上空にもオゾンホールが確認されます。フロンガスの規制がされているにもかかわらず起きている事態でした。その後この原因として、オゾン層直下の温度がマイナス70℃からマイナス80℃に急激に下がったことを突き止めます。この現象は地球の温暖化と裏腹に起こることもわかってきました。特定フロンの使用を止めるだけでなく、温暖化を食い止めないとならなくなったのです（図2-4）。

フロンガス

フロンガスは1929年にアメリカの科学者トーマス・ミッジリーが生み出し、半導体、冷蔵庫・冷房機の冷媒ガス、スプレー類、断熱材の発泡など、今や産業に欠かせない役割を担っています。戦前の生産高は500トン／年ほどでしたが、戦後の1985年には100万トン／年にまで伸びています（11ページ・図1-3）。しかも温暖化能力が二酸化炭素の数百倍から1万倍にも及びます。オゾン層破壊・温暖化防止のかなめ的存在といえます。

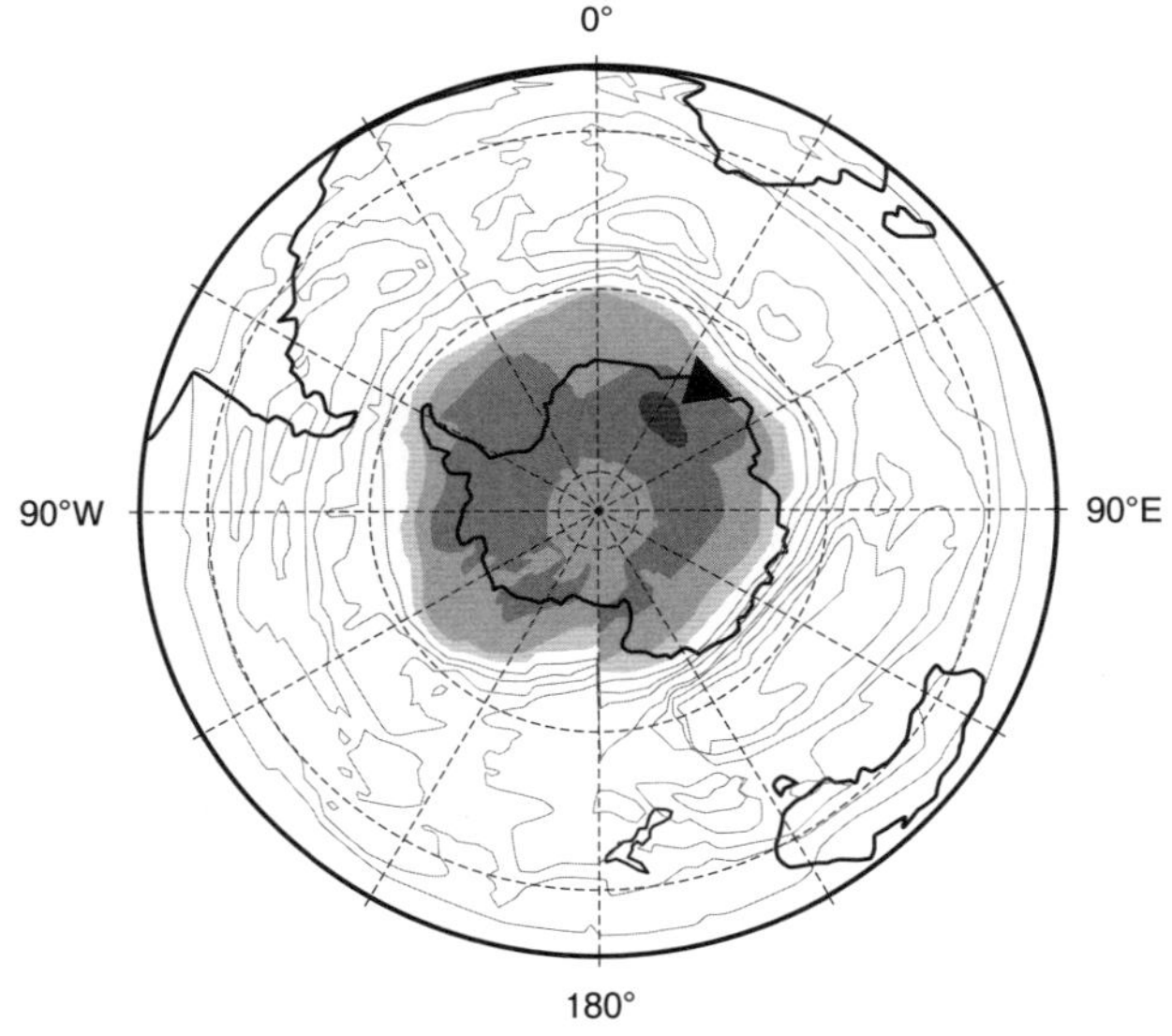

図2-4　2018年9月20日のオゾン全量南半球分布図
南極オゾンホールの最大面積は2,460万㎢（南極大陸の約1.8倍）を記録した。中央の灰色の部分がオゾンホール。▲印は昭和基地の位置。米国航空宇宙局（NASA）提供の衛星（OMI）観測データを元に作成。
出典:気象庁ホームページ（https://www.data.jma.go.jp/gmd/env/ozonehp/diag_o3hole.html）を元に作図。

2 太陽からのおくりもの2 冬の陽だまりは外なのに暖かい ―赤外線―

空気を暖めない熱エネルギー

赤外線は熱を運ぶのが特徴で、放射熱とも呼ばれます。熱を運ぶとはいっても空気は暖めずに素通りし、物体にぶつかったところで熱に変わります。しかし空気の中でも二酸化炭素・メタンガス・フロンガスについては素通りせずに熱に変わります。メタンガスは二酸化炭素の25倍、フロンガスは500~1万倍の温暖化能力があります。空気を暖めない熱を実感するには、冬の陽だまりを思い浮かべていただくとよいです。東京の場合、外気温は5~7℃なのに上着を脱げるくらいの暖かさを感じます。空気温に表われてこないこの熱エネルギーが、放射熱（赤外線）なのです。空気を暖めていませんので、室内の空気が外に出ていってもロスの心配はいらなくなりますから、放射熱源を利用すると高気密である必要は無くなり、低気密による換気の行き届いた良好な環境がつくれるのです。

天井から床近くまで同じ温度

実際に空気を暖める暖房と暖めない放射暖房の違いを見てみましょう。木造高気密住宅のエアコン暖房によるリビングダイニングの上下温度分布（図2-5、2-6）と、木造低気密住宅における床暖房（放射暖房）の上下温度分布（図2-7、2-8）を比較します。エアコン暖房の方は天井高が2．4メートルほどの一部屋内の上下温度ですが、それでも10℃ほどの差が生まれています。床暖房の方は上下階5メートルほどの差がありますが、1℃しか変わりません。空気が暖まると軽くなって上に行くために上下の温度差が生まれるので、上下

図2-7　木造低気密住宅（王禅寺の家／設計:無垢里）の室内

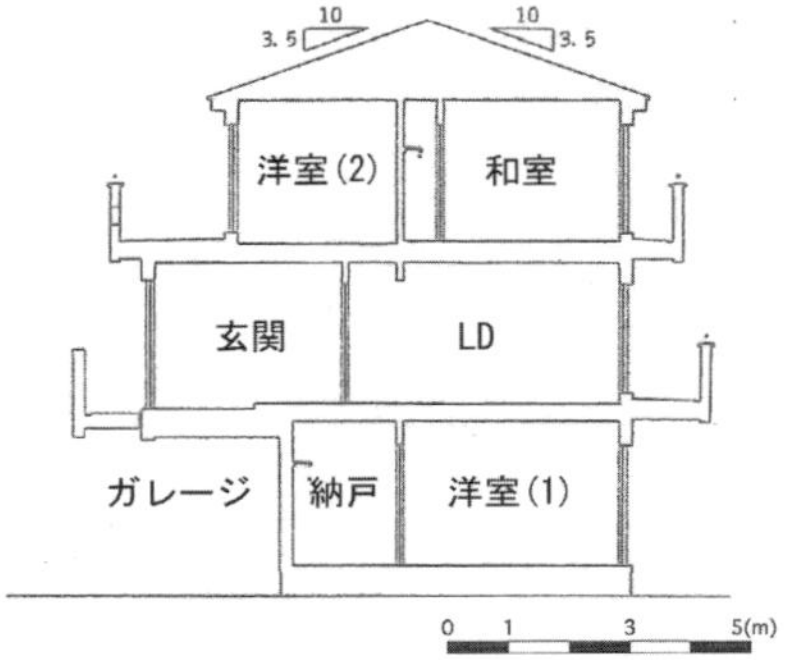

図2-5　木造高気密住宅（初台の家）の断面

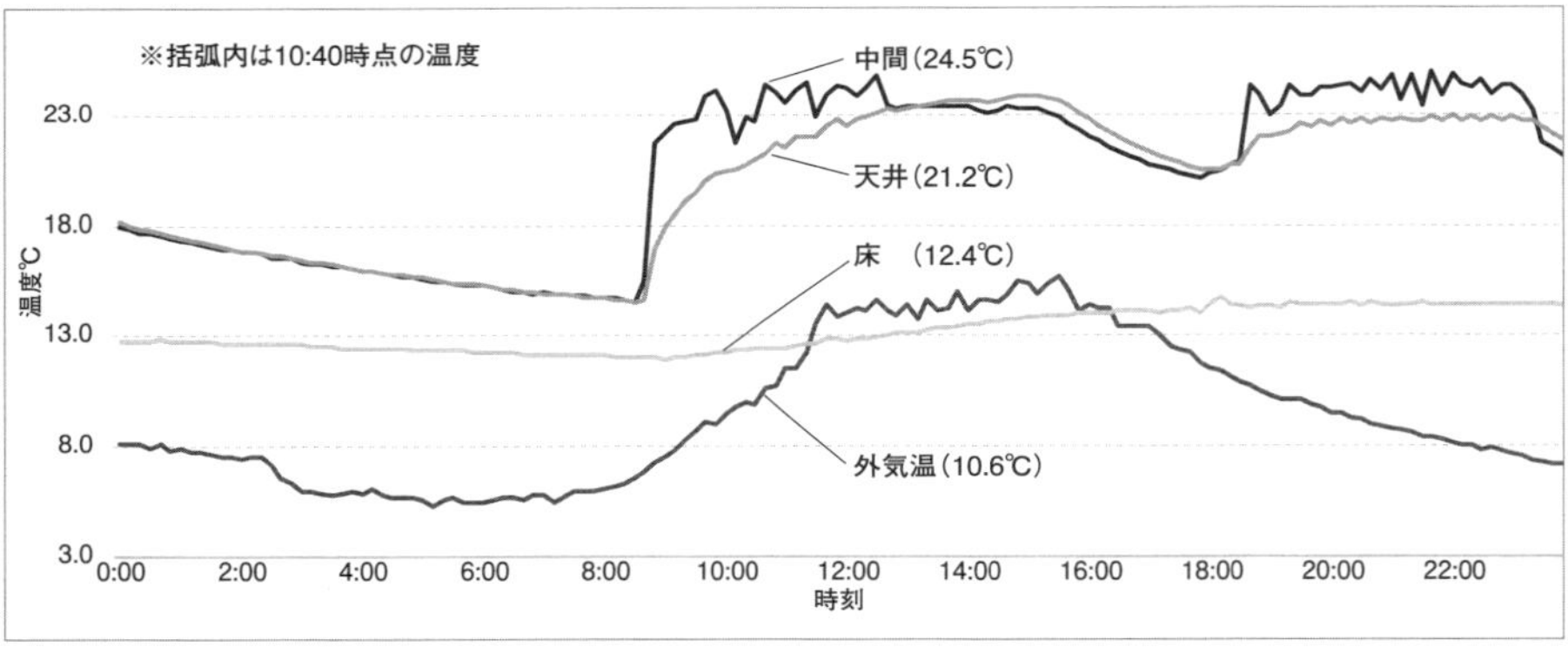

図2-6　木造高気密住宅（初台の家）
エアコン暖房によるリビングダイニングの上下温度分布（2009年1月19日計測）

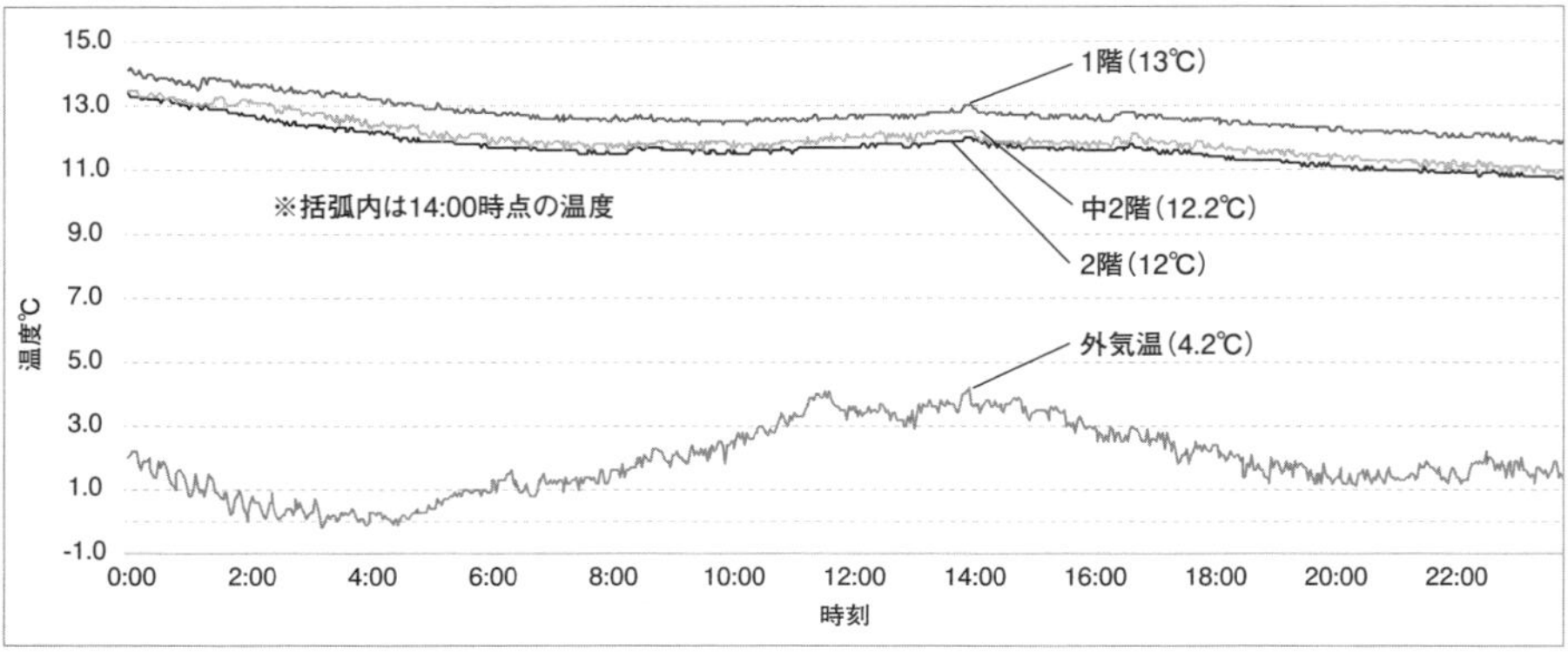

図2-8　木造低気密住宅（王禅寺の家）
床暖房（放射暖房）による1・2階温度分布（2008年2月9日計測）

に温度差がないのは空気を暖めていないから起きる現象です。放射熱が空気を暖めない様子がわかるでしょう。吹き抜けは冬の上下温度差を生む元凶に見られていますが、放射暖房にすればその心配は無くなります。

隙間があるのに暖かい

せっかく暖めた空気が出ていっては無駄なので高気密の家にしたくなりますが、放射熱は空気を暖めないので出ていっても無駄にはなりません。高気密である必要は無くなります。低気密になると室内に発生する水蒸気は自然に出ていくので結露が止まります。化学物質も同様です。結露や化学物質過敏症は高気密住宅が登場してから生まれた現象なのです。

実例を見てみましょう。長野県伊那市にある家具の工房です（図2-9、2-10、2-11）。冬はマイナス10℃くらいになるのはめずらしくありません。約120平方メートル（36坪）で、物の出し入れや換気などで窓や出入口は開いたままに近い使い方です。一般的なストーブでは暖まった空気が外に出ていってしまい暖房になりません。使っているのは、薪ストーブとその煙を通し熱を蓄え放熱する煉瓦積みの衝立です。ロシアのペチカを現代に応用したものです。煙の温度は800℃ほどですが、蓄熱された煉瓦衝立の表面温度は60℃ほどで、遠赤外線が出る温度になります。

受熱面が放熱面から離れるに従って温度が下がっていきますが、どの位置でも受熱面が空気温より5℃ほど高くなっています（図2-12、2-13）。この温度差が空気温度に出てこない熱エネルギー（放射熱）になります。この熱をもらい受けることで、空気温とは別の温もりを感じとれます。半開放状態でかつ外気温がマイナスになるにもかかわらず暖かいのは、放射熱（遠赤外線）があるからなのです。

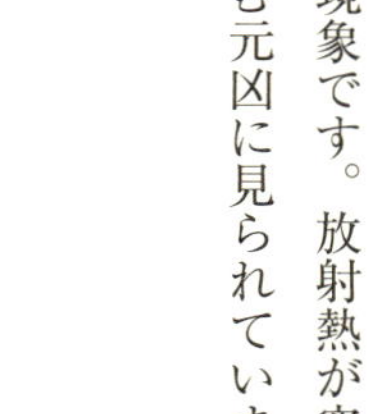

図2-9　家具工房全景。薪ストーブと煉瓦蓄熱体。

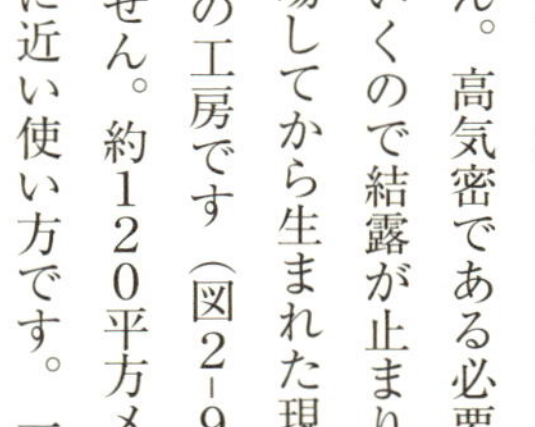

図2-10　家具工房平面（36坪）。真ん中が煉瓦蓄熱体。

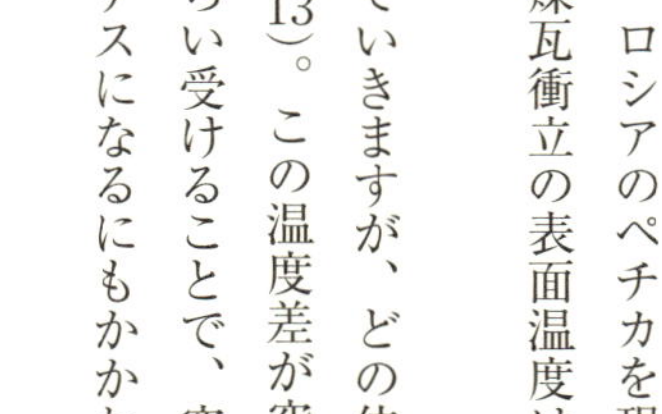

図2-11　煉瓦衝立から500・1,500・2,500・3,500・4,500mmにつるした受熱板。表面と空気温を測定。

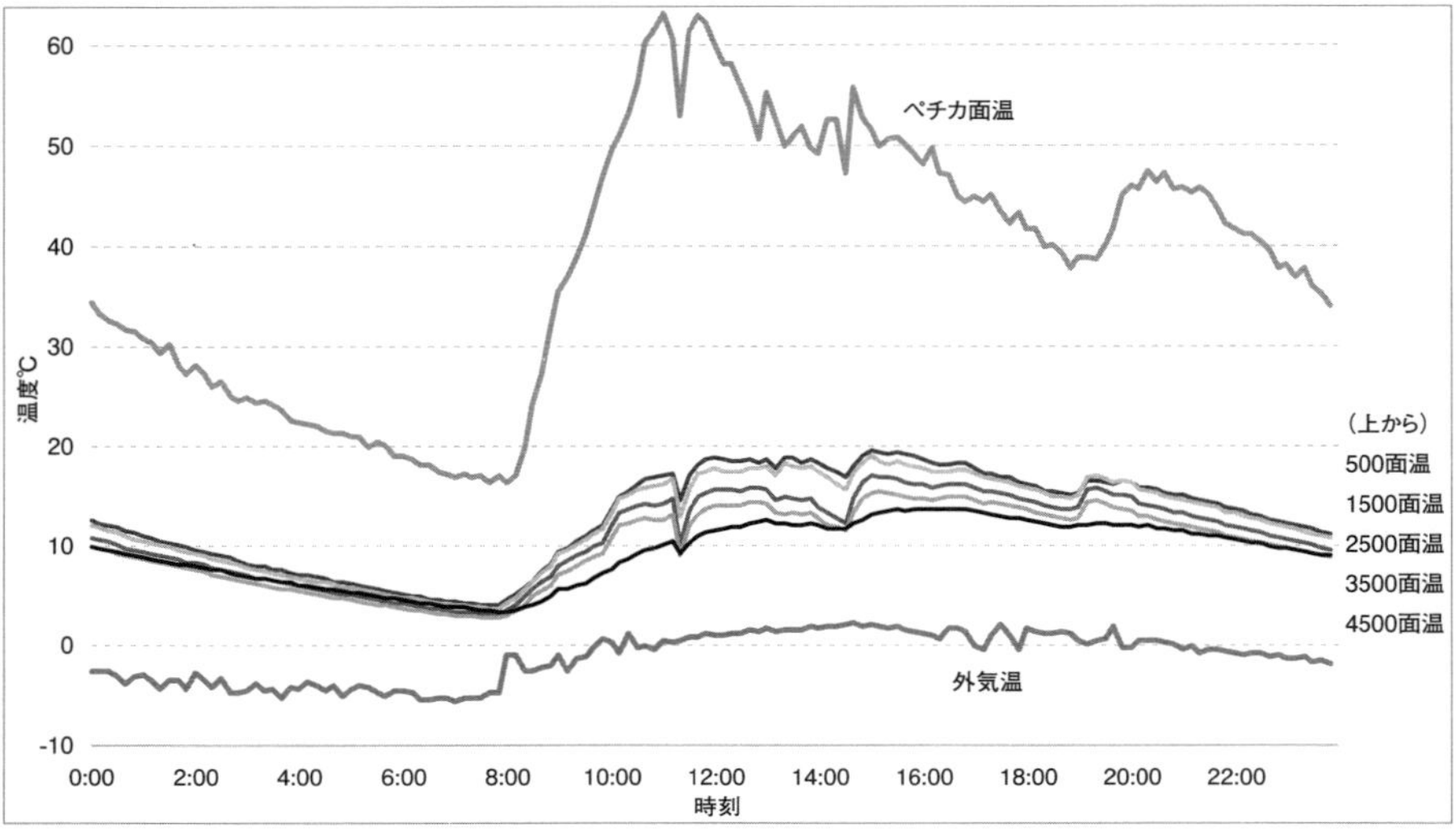

図2-12　蓄熱体表面温度・受熱板の表面温度（長野県伊那市の家具工房、2015年2月3日計測）

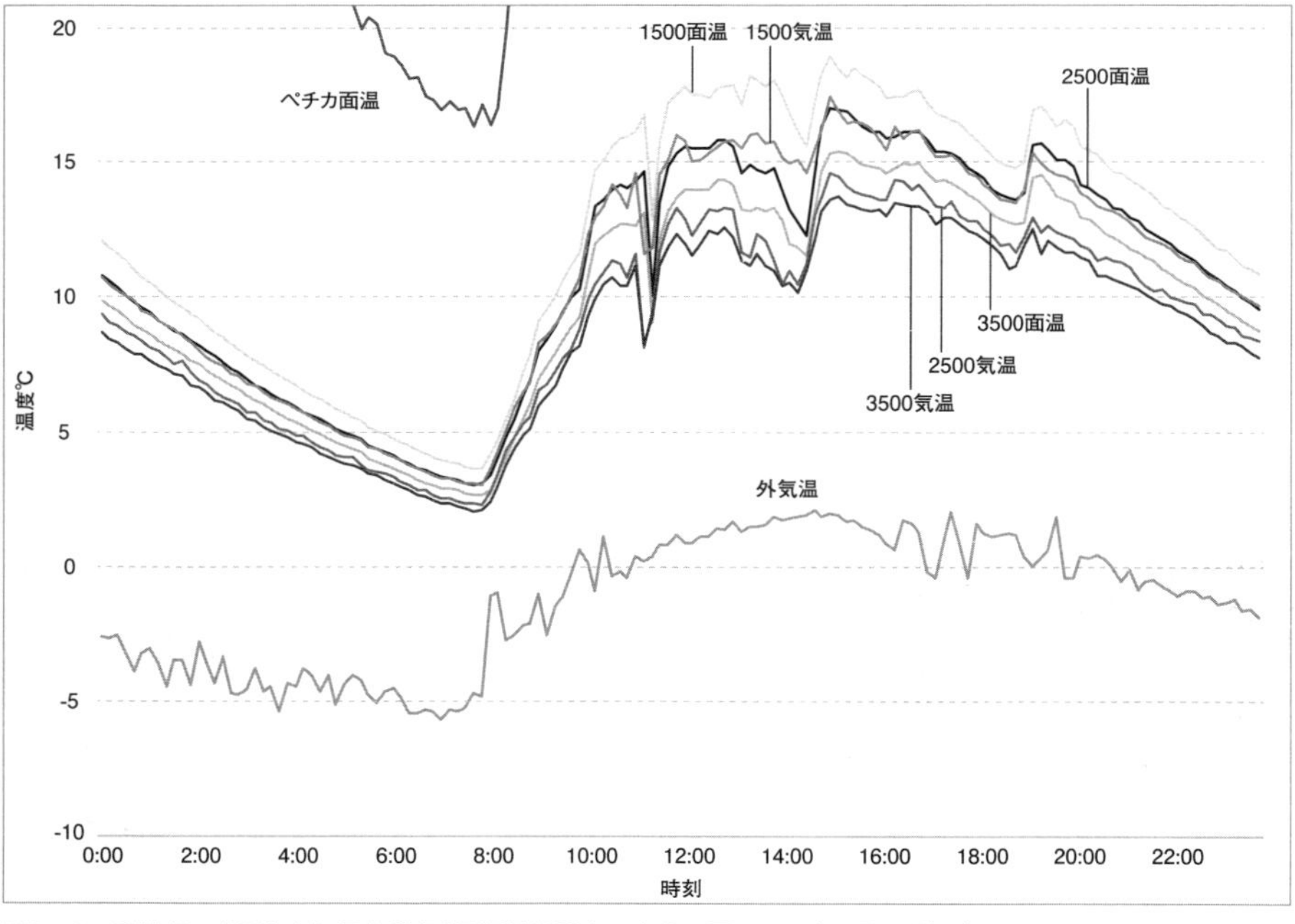

図2-13　受熱板の表面と空気温度詳細（長野県伊那市の家具工房、2015年2月3日計測）

身体の芯まで暖まる熱線　遠赤外線

赤外線は波長の短い近赤外線と長い遠赤外線の二つに区分できます。近赤外線は物体の表面のみ熱に変えますが、遠赤外線は内部まで熱に変えられます。ガスコンロで肉を焼くと表面ばかり焦げて芯が半焼けはよくあることですが、炭火だと芯まで程よく焼けるのは、前者が近赤外線、後者は遠赤外線が多く出ているからなのです。

炉端で焼いた魚は骨まで食べられる

大工さんは、ひと昔前までは冬の休憩時に木の端材を燃やして暖を取っていましたが、現代は燃やせないので電気ストーブに変わりました。木を燃やしていたころは場を離れても身体の温もりがあったのに電気ストーブになってからは離れるとすぐ寒くなると語っていました。薪を燃やすと遠赤外線が比較的多く出ますので、体の芯まで暖めてくれたのです。炉端で魚を焼くと骨まで食べられる経験をお持ちではないでしょうか。炭で焼いた焼き鳥がおいしい話もよく出てきます。焼き鳥屋の店頭に備長炭使用の看板が出ているのもご覧になった方が多いでしょう。これら一連の話は、薪や炭を燃やすと遠赤外線が多く出ますが、ガスや灯油を燃やすとそれが少ないために生まれるのです。フランス料理のシェフに「調理で炭を使うことは無いのですか」と尋ねたことがありました。その答えは意外でした。「腕の良い料理人でなくとも炭で調理するとおいしくなる」という話でした。食事や暖房で遠赤外線を利用する効果は大きいのです。

遠赤外線は低温熱源（約50℃）から多く出る

遠赤外線は低温の発熱体から多く出てきます。熱源温度と放出波長の関係を表す式にウィーン変位則があります。

放射波長λ（μm）＝2897/絶対温度Tk（273+熱源温度℃）

この式に遠赤外線領域の４～１０００μmを入れると４５４．２５℃からマイナス２６９．１０３℃の間になりますが、その中の40～60℃は特に人間の吸収効率が高まります。ということは、体の芯まで暖めてくれる特性を有効に使いたいと思ったら、高温の熱源は必要ないのです。ガスや灯油ストーブを８００℃で燃やすよりはるかに少ないエネルギーで手に入れられるのです。人の体温からも出てきます。床暖房は60℃の温水を床下に通し床表面温度を30℃ほどにしますが、それは遠赤外線を多く出していることになります。低い熱源で済むということは、燃料代も少なくて済むということです。一石二鳥の効果になります。

土鍋料理はおいしい

土鍋でご飯を炊くとおいしいという話はよく出てきます。石焼き芋はサツマイモの調理の中でも一段とおいしさを感じます。クッパは温めた石を使って料理します。これは何をしているのでしょうか。ガスコンロの火は８００℃ほどになりますが、この温度帯からは近赤外線が多く出ます。この熱で土鍋を温めると土鍋は80～１００℃ほどで留まりますので、そこから出てくるのは遠赤外線となるのです。土鍋でご飯を炊くとおいしいのは、遠赤外線によってお米の芯まで熱が入るからとみられます。

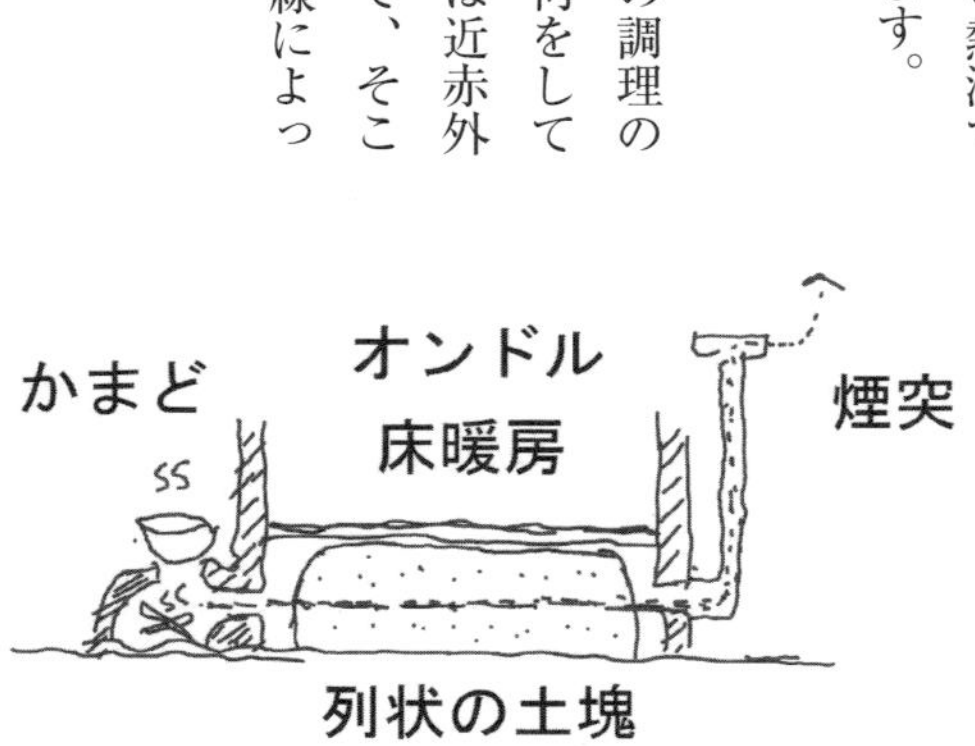

図2-14　オンドル概念図

オンドルとペチカ

この発想をしたものにロシアのペチカや韓国のオンドルがあります（図2-14）。どちらにも共通しているのは、食事をつくる際に炊いたかまどの煙を煉瓦や土の蓄熱体の中に通して一度蓄熱した上で、遠赤外線に変換させて日中や夜間に再放熱して暖に利用するところです。ペチカは煉瓦積みの壁の中を通し、オンドルは幾通りもの土塊のある床下を通します。かまどの煙は800℃ほどになりますが、熱をもらい受け蓄熱した煉瓦や土塊は60℃ほどになって遠赤外線が放熱されます。料理の熱源を蓄熱することで、朝と夕の間の暖房のために遠赤外線に変換して利用するという優れた熱利用を図っています。ここには機械は全く無く、暖房のための熱源もありません。自然の法則を巧みに利用した先人の知恵の結晶です。

エアコンの暖房は寒い　―空気と物との間の熱の伝達は風速に比例する―

冬、エアコンを暖房にしているのに吹き出した空気が体に当たるところで寒く感じたことがありませんか。冷房しているのではと思ってしまうことさえあります。どうしてなのでしょう。

空気の熱を人間がもらい受けるには風速のある方が効率的です（図2-15）。風速が速いほどたくさん熱が伝わりますから、エアコン暖房には風速が不可欠なのです。エアコンは暖かい空気が噴き出す理にかなった機械なのです。しかしよく見てみましょう。自然界には温度の高い方から低い方へ熱が流れる法則があります。体温は36.6℃くらい。体表面温度はもう少し低いですが、いずれにしてもエアコン吹き出し温度を体温より高い40℃近い設定にしないと、熱をもらい受けるのではなく逆に奪われることになってしまいます。風速を伴っていますからその伝わり方は半端ではないので、寒く感じてしまうのです。電気代が気になりますからエアコンの設定温度を40℃にする方はまずいないのではないでしょうか。エアコン

空気のような流体と物体との間の熱伝達率
風速を伴う場合（強制対流熱伝達）

- **風速v5m/s以下**
  強制対流熱伝達率 αcv(w/m²K)=5.8+3.9×風速v(m/s)　普通面
  この式から熱伝達は風速vに比例するのがわかります。
- **風速v5m/s以上**
  強制対流熱伝達率 αcv(w/m²K)=7.1×風速v(m/s)$^{0.75}$　普通面
- **自然対流（微風）の場合**
  自然熱対流熱伝達率 αc(w/m²K)=(個体の表面温度 θs(K)-流体の温度 θv(K))$^{0.25}$

図2-15　熱伝達率を表す式

による暖房は矛盾を生みかねません。

高気密の室は出入りすることで低気密室に

風速の無い自然対流状態のときは風速は関係なくなり、空気と身体表面の温度差があるほど熱のやり取りは盛んになります。しかしこの場合も、空気の方が皮膚面温度より高くないと身体の熱が奪われることになってしまいます。空気温を保つためには隙間は禁物です。熱が空気と共に逃げてしまいますので、建物の気密だけでなく各室の扉気密も求められます。ところが扉は人の出入りが不可欠な部分なので、結局室の気密は実質的にとれなくなります。

図2－16は高気密住居の冬の実測グラフです。エアコン暖房を入れると急速に空気温が上がりますが止めると急速に空気温が下がります。気密が良いので外には漏れにくくなっていますから、人の出入りの都度に出入り口から廊下に逃げていると考えられます。

放射熱の伝達に風はいらない

空気を暖める熱エネルギーに対して空気を透過する熱エネルギー（放射熱）があることはすでに触れました。この熱エネルギーをもらい受けるには風速は必要ありません。放射熱は空気を透過して直接身体を暖めますので、風の有無は関係なくなり温風による寒さ感は起きなくなります。

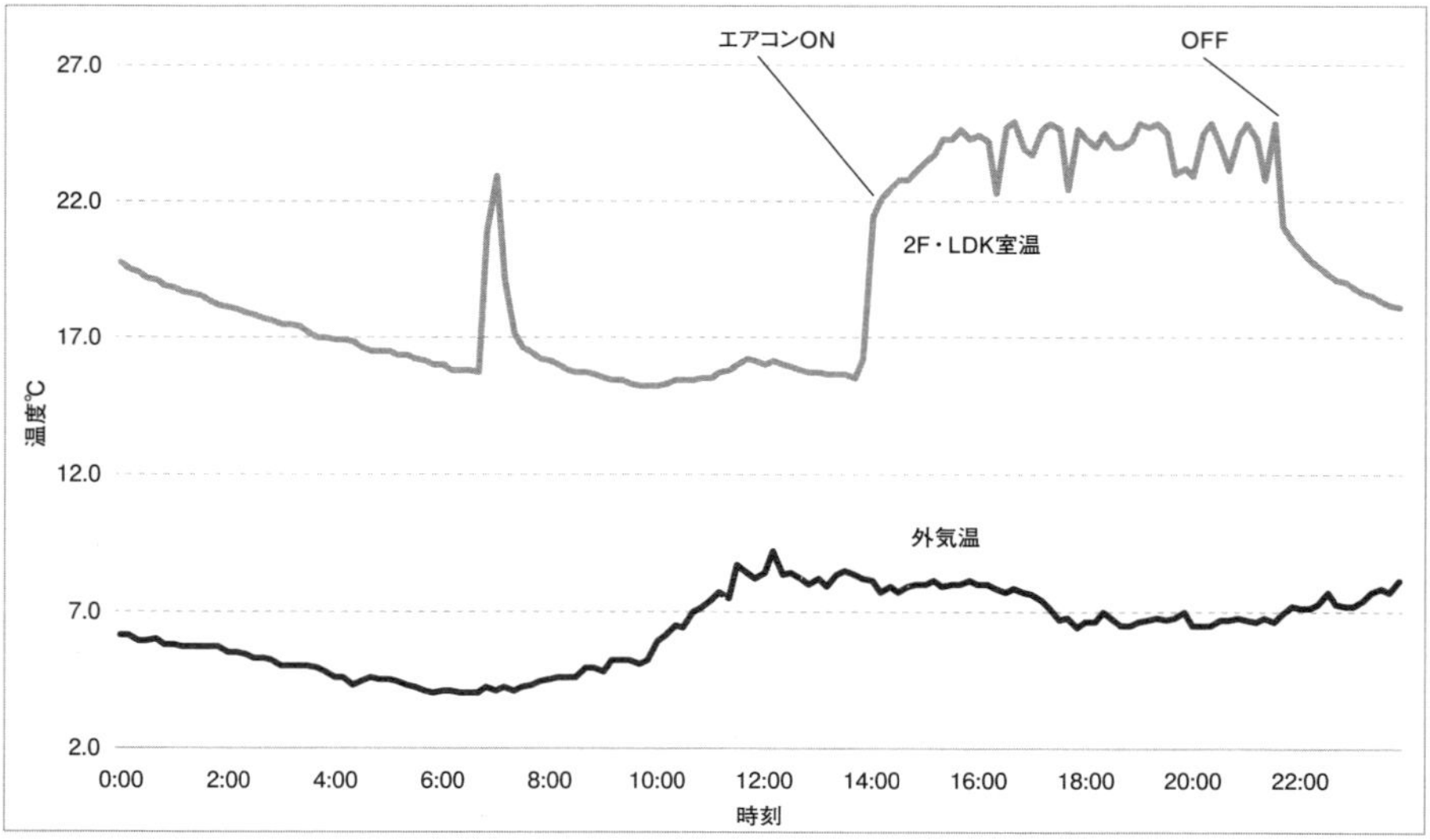

図2-16　高気密高断熱住宅（初台の家）のエアコンによる温度変化（2009年1月18日計測）

茅葺民家の囲炉裏と土壁は寒さの極めつけ？

空気を暖める暖房は、自然界の法則に素直に向き合っていくと矛盾に突き当たってしまいますから、放射熱を利用したくなります。人体に吸収しやすい放射熱は30～60℃くらいの低温域から取り出せますから、８００℃で燃焼させるより消費する熱量も少なくてすみます。体温からも有効な放射熱が出ています。床暖房は床表面温度を30℃くらいに設定しますので、立派な放射熱源となり人間を直接暖めてくれます。人間の横を抜けてしまった熱は、壁などを蓄熱材でつくるならそこを直接暖め、蓄熱をしてくれます。蓄熱された壁は再放熱しますので、その熱も受け取れるのです。無駄のない温熱システムがつくられます。この温熱システムを組み上げていたのが、茅葺民家の囲炉裏と土壁だったのです（図2-17）。民家は寒いとよくいわれますが、囲炉裏をやめて石油ストーブを置き空気熱源に変えたことで、この合理的なシステムが崩れてしまった結果なのです。

図2-17　囲炉裏と土壁

3 暑い寒いは気温だけで決まらない
―暑さ寒さの4要素―

暑さ寒さの6要素（うち4要素は建物に工夫が求められる）

人間の暑さ寒さ感には、気温・風速・放射熱・湿度・着衣量・代謝量の6要素が関わっています。代謝量は動くと暖かくなる話で、着衣量と合わせて人間が調節するものですが、残りの気温・風速・放射熱・湿度の4要素は建物に工夫が求められます（図2-18、2-19）。大事なことは、一つの要素で暑さ寒さ感が決まらず相互に関係しているので、4要素をくまなく工夫する必要があるということです。気温だけ調節しても効果は薄いのです。以下に個々の特徴を書きます。

風が吹くと涼しい

扇風機の前にいると涼しいと感じますが、扇風機の前でも離れたところでも気温は変わりません。冬に風が吹いていると寒いと感じますが、風が吹いている時でも止まっている時でも気温は同じです。どうしてでしょうか。空気と身体との熱の受け渡しは風速に比例しますので、風が身体に当たると空気が皮膚表面から熱を奪い体温を下げてくれるから涼しく感じるのです。冬はそれが寒さ感になります。

冬の陽だまりは外なのに暖かい

冬の陽だまりを思い浮かべてください。外なのに心地よい温もりを感じますが、気温を計ってみると東京では5℃ほどです。暖かいと感じる人はいないような気温なのに暖かく感じる

図2-18　白川郷の合掌造り
屋根勾配を急にすることで屋根面に注ぐ日射を夏はカットし、冬は受けとるように工夫されていた。

図2-19　奄美の高倉
床を高く上げて地上近くの湿気の影響を和らげていた。

のは、空気の温度に表われない別の熱エネルギーがあるからなのです。それが放射熱です。夏の屋根面は約60℃ですが気温は約30℃ですから、その差約30℃は空気を暖めない熱エネルギー（放射熱）によってもたらされたものです。

蒸し暑い

日本の夏は蒸し暑いとよくいわれます。木陰や家の中に入っても暑いですが、地中海沿岸のイタリアやスペインは、木陰などで日射を遮るだけで涼しく感じます。それは湿度が少ないからなのです。それでは湿度が低いとなぜ涼しく感じるのでしょうか。二つ理由があります。

汗の体温調節

一つは、汗が蒸発する時に体温熱を奪うからです。気温が上がると体温も上がり汗が出てきます。湿度が低いと汗の蒸発が盛んに起きます。蒸発するには熱が必要なので体温を奪ってくれますから涼しく感じるのです。ところが湿度が高くなると蒸発は減ってしまうために、体温を思うように下げられなくなるのです。

水蒸気は暖かい

もう一つは、空気中に漂う目に見えない水蒸気に熱が多量に含まれているからです。水を温めていくと液体のまま湯温が上がっていきますが、１００℃になるとそれ以上には上がらなくなってしまいます。それは、液体が水蒸気という気体に変わるのに熱（潜熱）が使われるからなのです。水蒸気にはこの熱が含まれるので、同じ量でも暖かく感じるのです。夏はこれが不快になり冬は温もりになるのです。夏は除湿し冬は加湿すると、この潜熱を巧みに使い分けることができます。

日本を含む東南アジアの夏は高温多湿なので、日射を遮熱する他に通風や除湿も必要となります。古来の日本家屋が木柱・梁を現し土壁を多用したのは、除湿を意識していたのです。引き戸を多用したのも、その開放性を活かして風を通そうとしていたのです。

冬は現された木柱・梁からの加湿を温もりに利用していました。

4要素を巧みに組み合わせてきた民家

エアコンのような機械の無い時代の民家はどうしていたのでしょうか。温度センサーを据えて調べてみると、この4要素を巧みに組み合わせて快適な環境をつくっていたのがわかってきます。

湿度については、除湿器や加湿器を使わず、建築素材によって夏の除湿、冬の加湿を行っていました。何百年にもわたって木・土・紙・畳といった素材が使われ続けてきた理由の一つに、これらの調湿作用がありました。

通風については南北と上下の2種の風通しを図っていました。南北の窓面積を同じ大きさにすることで風量を確保し、夏の夜のような内外温度差がある時は、屋根頂部の小屋根（越屋根）と地窓間の高低差を利用して外の涼しい風を取り入れていました。

放射熱については屋根に降り注ぐ猛烈な日射を二重屋根で取り除き、西日を土壁の蓄熱性を利用してカットしました。屋根勾配による受熱量の調節もしていました。茅葺屋根のような急勾配屋根は夏は遮熱、冬は受熱に働きますが、現代の緩勾配屋根は夏は受熱、冬は遮熱に働き、室内環境を悪化させてしまいます。

土壁の蓄熱力を利用して夏は夜間の冷熱を日中に、冬は日中の温もりを夜間に運び、熱の有効利用を図っていました。現代の断熱型ではこの蓄熱効果は全くありません。図2-20〜2-24に、昔ながらの民家の機能的なつくりを紹介します。また、次章以降ではこれらのパッシブな設計術について、詳しくひもといていきます。

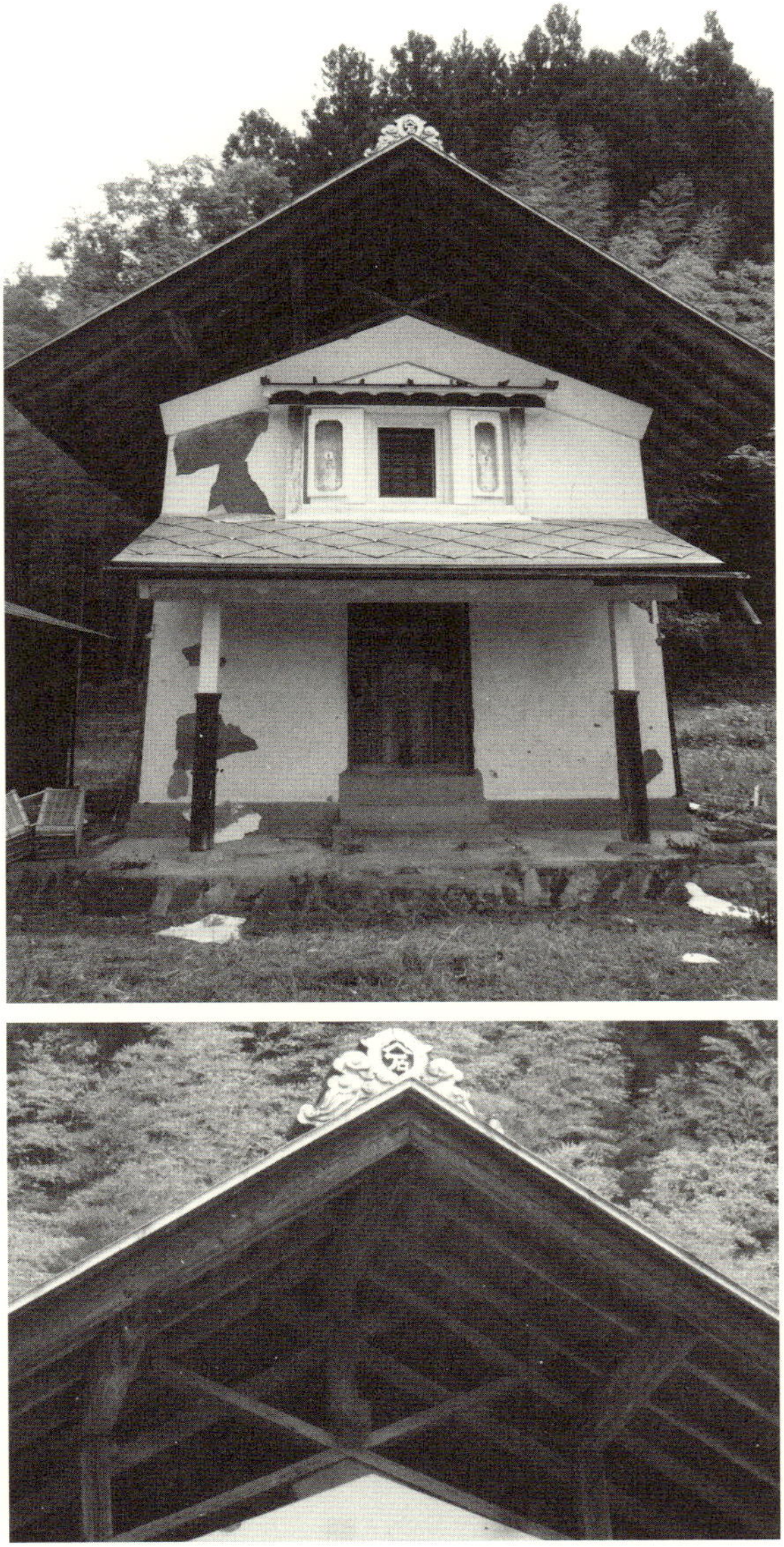

図2-20　置屋根による屋根遮熱
（福島県矢祭・菊池家土蔵、江戸期築）

図2-21　越屋根による室内上下通風
（奈良県今井町・米谷家、18世紀中頃築）

図2-22　福島県「気仙大工左官伝承館」の越屋根
囲炉裏や竈の直上に設けた小屋根。煙出しや通風を図っていた。

図2-24　土壁下地の小舞。耐震・蓄熱・調湿機能を持つ。

図2-23　調湿・断熱機能を持つ障子（稲村ヶ崎の家／設計:無垢里）

第3章
自然と共存する設計術：遮熱

兵庫県 京丹呉市竹野集落
『むくり』No68より
日本海に面する集落で北前船の寄港地として栄えた。平安の頃から製塩が盛んであったが江戸中期からは北前船による回船業に変わっていく。人がすれ違うのにやっとくらいの路地が南北に無数に通る。建物の外壁は木の板張りだが潮風にさらされながら百年にわたって持ちこたえている。

1 日射を夏はカット、冬はもらう屋根
―屋根の傾きで受熱量が変わる―

夏の西日は東日より暑い

同じ太陽なのにどうしてこのような違いが出るのでしょうか。東日は明け方の気温が低い時の日射ですが、西日は最も高い時だからです。暑さ感には、気温と日射（太陽からの放射熱）の両者が関係していることが、ここからもおわかりいただけると思います。

夏の西日は南日よりひときわ暑い

次に西日と南日を比べると西日の方が暑く感じますがそれはどうしてでしょう。それは壁などの受熱面と日射熱線との間の角度が大きく関わるからです。図3-1を見てください。朝日・夕日は90度近いのに正午は10度（東京）になります。

受熱面と日射熱線との間が90度の時に最大受熱

受熱面と日射熱線との間にできる角度が90度の時に最大の受熱量となり、90度から離れるほど減っていきます。朝夕に受け取る熱量は、太陽が大気圏に注ぐ時の熱量（太陽常数）の90％ですが、正午は55％ほどに落ちます。その結果、壁面の受熱量は南日より朝日や夕日の方が多くなるのです。人間の身体にも同様のことがいえますので、西日をひときわ暑く感じるのです。

建物の各面の受熱量は異なる

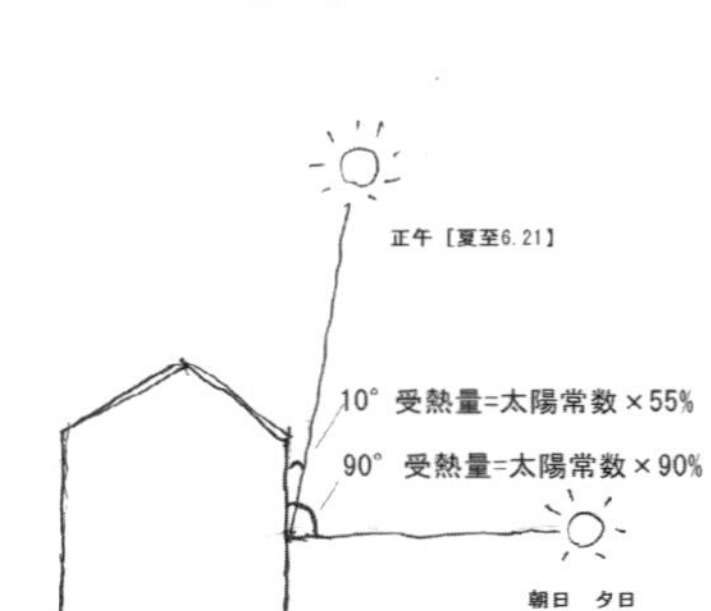

図3-1
朝日・夕日・南日と壁面各面の受熱量

建物の壁や屋根の各面が1日に受け取る熱量は、日射の角度と日照時間によって決まります。夏至（例年6月21日ごろ）は東西壁面の方が南壁面より大きいですが、冬至（例年12月21日ごろ）は逆転します。どうしてでしょう。朝日夕日が水平に当たるのは冬でも同じですが、陽のあたる時間が冬は短いからです。

屋根面（平らな屋根）の受熱量は夏がひときわ大きいのに冬が少ないのは、屋根面と日射の角度が夏至の正午は80度でたくさん受熱し、冬至は30度で少ないからと（図3-2）、陽の当たっている時間が夏の方が冬より長いからです。平らな屋根と同じ状況が地面にも起きますので、夏の地面が過酷な条件にさらされているのがわかります。

夏の屋根面の受熱量が東西壁面より大きくなるのは、陽のあたる時間が屋根面は朝から夕なのに、東西壁面は午前か午後だけになるからです。

現代の建物は夏の日射を受け取り冬は受け取らない

図3-3は代表的な屋根に夏と冬の太陽光を落とし込んだものです。太陽光と屋根面の角度が90度から離れるほど受熱量が減るので、夏は茅葺合掌屋根（白川郷）が少なく、現代の緩勾配屋根が多くなります。冬は関係が逆転し、茅葺合掌屋根は受熱量が増え、現代屋根は減ります。

図3-4は茅葺合掌屋根と一般屋根の受熱量を比較したもので、前者は夏少なく冬は多いですが、後者は逆になります。皮肉にも現代の屋根は、夏に多くの熱を受け取り、冬はわずかとなるようにつくられているのです。

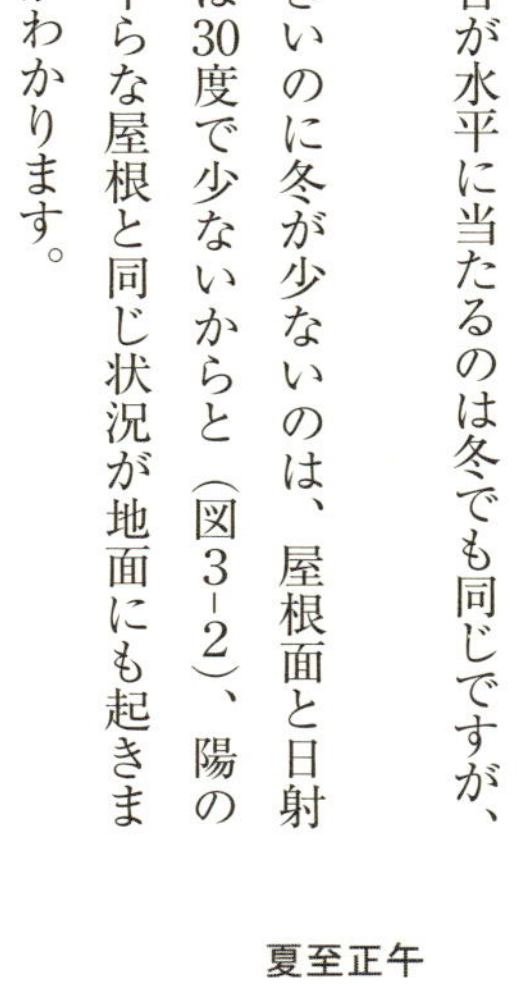

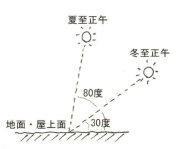

図3-2
夏至と冬至の正午における太陽高度

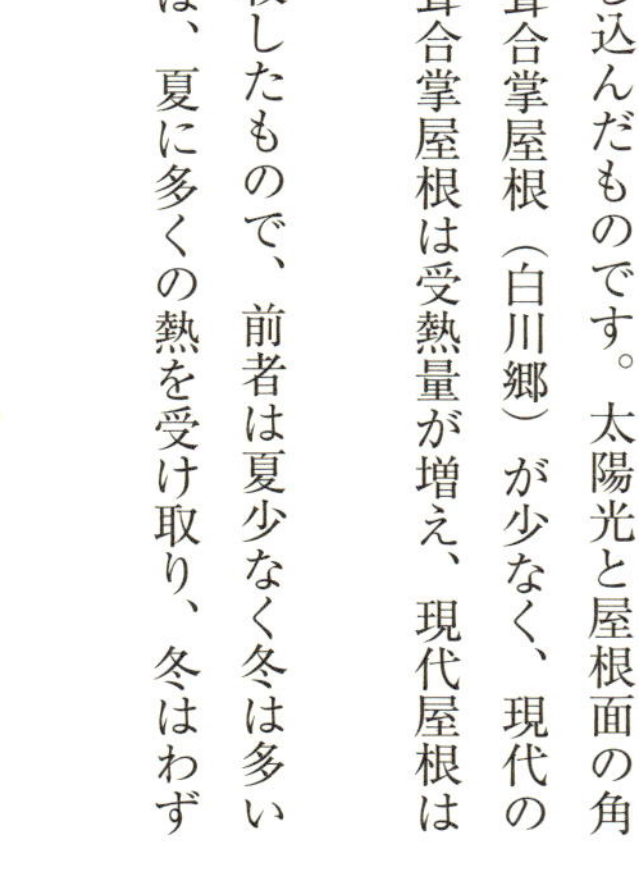

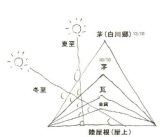

図3-3　各種屋根と夏至・冬至の太陽光
合掌造り13/10、一般の茅屋根10/10、瓦葺4/10、金属板葺2/10、屋上防水屋根1/100

雨が漏る材料でも屋根に使える

屋根の傾きが夏の遮熱・冬の受熱に深く関係している話をしましたが、勾配には別の大事な話が関わります。茅葺は10／10以上の急勾配にしないとなりません。どうしてでしょう。屋根に載せるススキの束は雨が筒抜けのように浸み通り、防水性は全くないようなものです。しかし傾きを急にすると、中に浸み入る前に流れ落ちるので、屋根材として立派に使えるのです。

雨の漏りやすさから最低勾配の目安が設けられています（図3-5）。職人さんは屋根が大きいときには勾配を少しきつくし、場の条件に応じて調整します。雨が漏らないように複雑な細工をするより、勾配をきつくする方が確実に効果が出るのです。

茅葺民家は寄棟10／10が多いのになぜ白川郷は切妻13／10なのか（図3-6）

白川郷は豪雪地で山間の地という環境ゆえ、農業ではなく養蚕や硝煙を盛んにしてきました。急勾配切妻屋根は最頂部が3階建てほどの高さになりますので、蚕を飼う場が多く取れ、外の明かりも取り入れることができました（図3-7、3-8）。急勾配屋根は雨の浸み込みが少ないので傷みが遅く、葺き替え年数を延ばすことができました。場の持つ条件を見つめながら最もふさわしいつくりを見い出していったものの見方に学ばされます。

現代の建物で検証する

勾配を急にすると受熱量が減るのかを、現代の建物から見てみましょう。

太陽熱を外気に取り込んで室内を常時換気

検証する建物（設計：無垢里）がある場所は蓼科で、別荘として建てられました（図3-

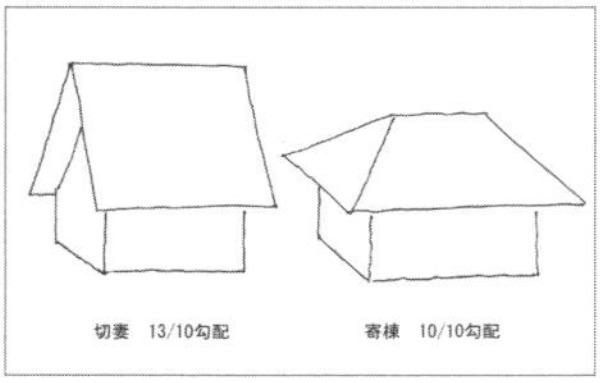

図3-6　切妻と寄棟

茅葺	≧10/10
瓦葺	≧4.5/10
セメント板葺	≧3.5/10
金属板平葺	≧3.5/10
金属板瓦棒葺	≧1/10
屋上防水	≧0.1/10

図3-5　屋根最低勾配の目安

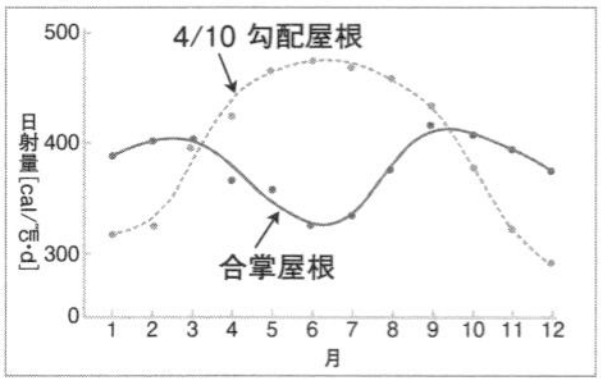

図3-4　屋根受熱量比較
合掌造り13/10、金属板葺4/10屋根
出典:花岡利昌著『伝統民家の生態学』（海青社、1991）

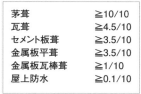

9～3-11）。夏は涼しい避暑地ですが、冬はマイナス10℃に下がる寒さの厳しい地域です。週末別荘で月曜から金曜までは無人で締め切っていますから、室内に空気や湿気がこもります。換気を毎日すれば室内を新鮮な空気にできますが、冬は冷えきってしまいます。熱源を使えば解決ですが維持費がかかりますから太陽熱を利用しました。金属屋根面の下に外気を取り込み太陽熱で暖め、屋根頂部で集めて床下に送り込み、コンクリートに蓄熱して床を暖めます（図3-12）。床下を通過し熱を奪われた空気は床のスリットから室内に出てきて窓の隙間から外に排気されますので、あえて低気密にしています。日中に常時換気をしながら太陽熱を室内に取り入れています。

冬は太陽をたっぷり取り入れ、夏は遮熱する屋根

冬は受熱、夏は遮熱する屋根面を最も効率よくつくらなければなりません。そのために冬至の太陽光と直角になる屋根勾配14／10にしました。白川郷の合掌屋根13／10より一段急な勾配です。

図3-13はこの建物の夏の屋根温度分布です。屋根面の温度が外気温より2℃ほどしか上がらず25℃ほどに留まっています。通常の屋根面は外気温より30℃ほど高い60℃前後になりますから、顕著な違いが生まれています。

図3-7　白川郷　合掌造り茅葺民家群
「合掌造り」と呼ばれ、屋根勾配が13/10 で一般の茅葺屋根の10/10より急である。

図3-8　白川郷旧寺口家小屋裏

図3-10　蓼科の家 リビング

図3-9　蓼科の家（設計:無垢里）　外観（西面）

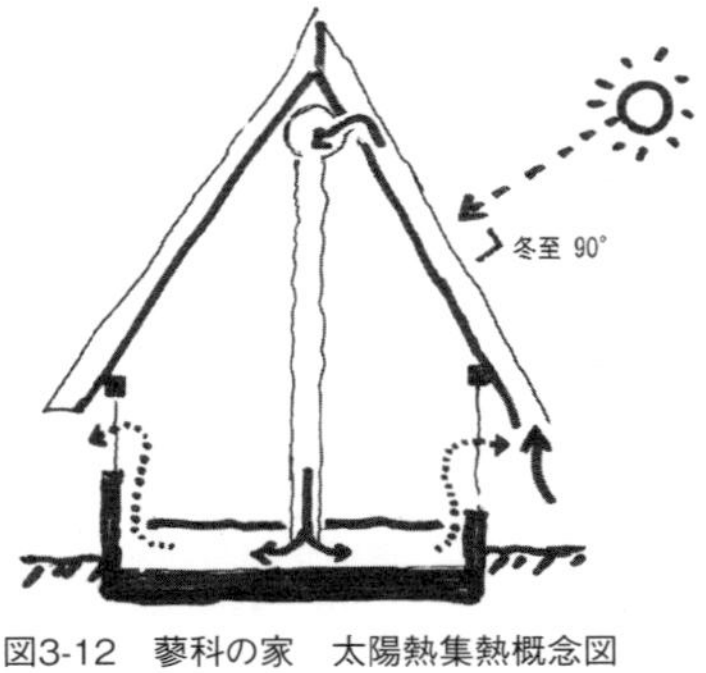

図3-12　蓼科の家　太陽熱集熱概念図

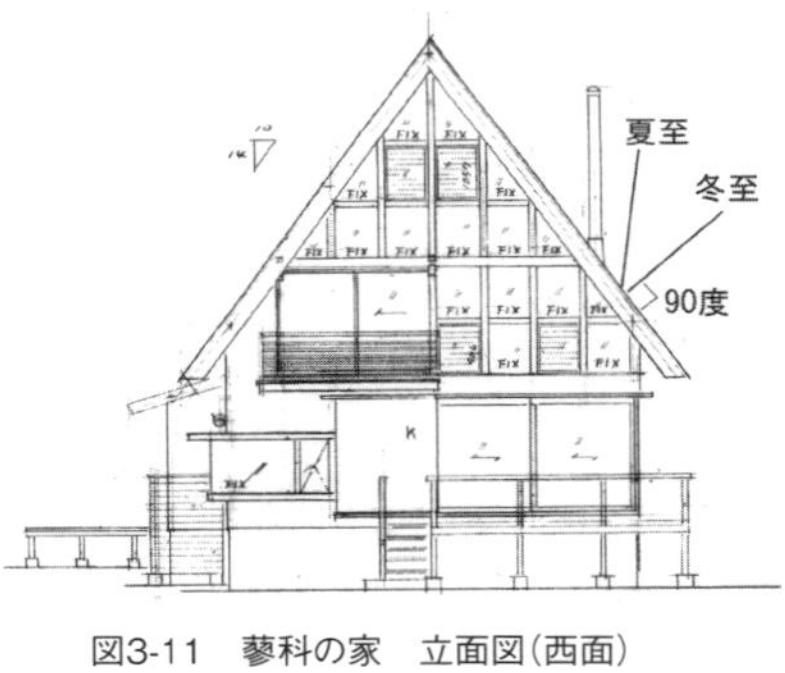

図3-11　蓼科の家　立面図（西面）

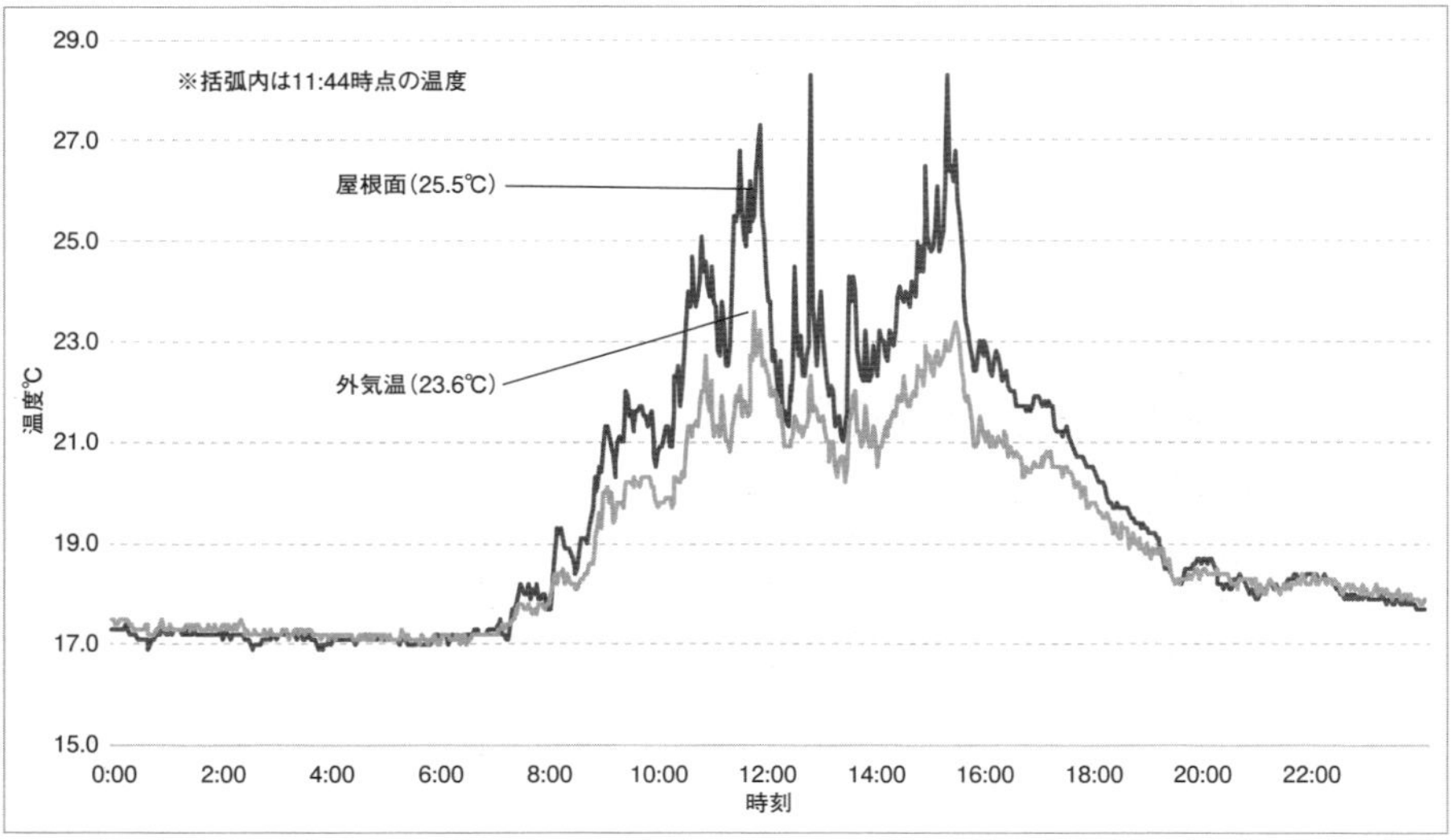

図3-13　蓼科の家の屋根温度分布（2006年8月21日計測）

2 すだれは窓の内側に掛けない ―受熱面の外で遮熱する効果―

空気を暖める熱と透過する熱

夏の室内に入ってくる熱を遮断するには、空気が持っている熱か空気を透過してくる熱（放射熱）かを見極めないとなりません。各々の特性に応じた対応をしないと、効果を十分に出すことができないのです。

夏の窓ガラス面は太陽が当たると50℃ほどになります。空気温は30℃ほどですからその差の20℃は空気を温めない熱（放射熱）によるものです。

窓の外側で日射をカットする

それでは放射熱のカットには何が有効かを見てみましょう。図3-14は窓面から室内に透過する日射（放射熱）の割合を、窓ごとに比較したものです。透過する熱だけでなく吸熱されたガラスから再放射された熱も含んでいます。

熱線反射ガラスはガラス表面に金属の膜を施したもので、外から見ると鏡のように見えるガラスです。熱線吸収ガラスはガラスの中に金属成分を溶け込ませたもので全体的にブルーやグレー色を帯びています。どちらも高価で普通ガラスの3倍くらいします。この図から、窓の外側にブラインドを掛けると日射の8割がカットされ、他より一段と効果的なのがわかります。断熱材は全く使うことなく遮熱できるのです。

外側の遮蔽物はブラインドが全てではありません。受熱面とその外側の遮蔽物との間に熱がこもらないようにすることが大事です。この原理は現代になって発見されたものではなく、

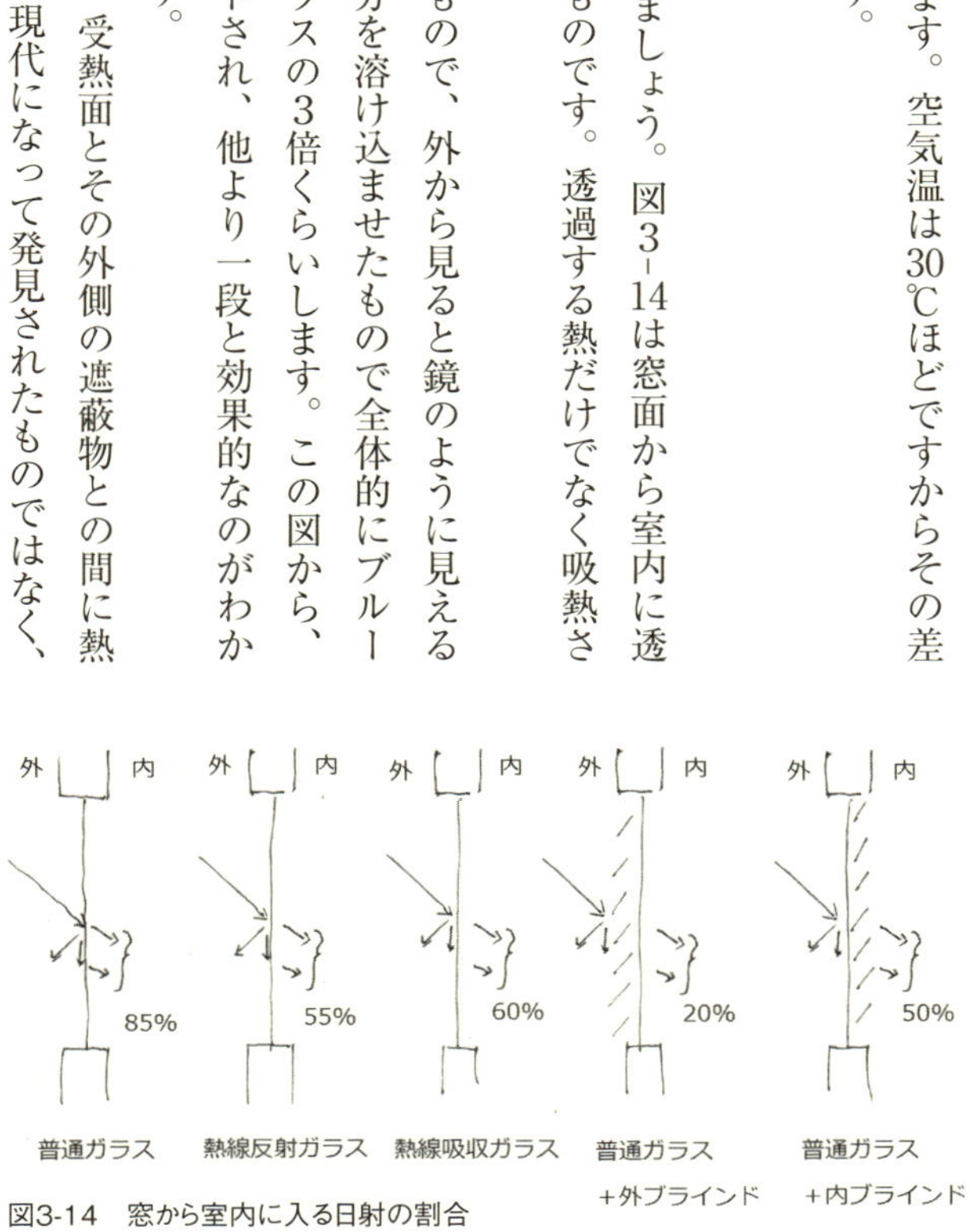

図3-14　窓から室内に入る日射の割合

先人がはるか昔から暮らしの中で取り入れていました。

すだれは内に掛けない

すだれは夏の風物詩ですが、窓の外側に掛けて室内側には掛けません。その心は図3-14の外ブラインドの原理にあります。カーテンと違って風も通しますから、夏には最適な一石二鳥のしつらえだったのです（図3-15）。

朝顔市

下町では朝顔市が夏の風物詩です。購入した鉢植えの朝顔は窓辺に置かれ、内外から花の咲くのを楽しみましたが、開け放った窓からの目隠しと日射を遮る一石三鳥の効果をあげていました。

夏は日射を遮り冬は取り入れる窓

夏に窓から日射が入ると大変暑くなりますから遮りたい、冬は逆に取り入れたくなります。しかも出したり引っ込めたりせずに、ひとたび建物に装置されたら夏冬共に自動的に切り替えてくれる都合の良い方法は無いものでしょうか。あります。数百年も昔に編み出していたのです。それは軒とか庇です（図3-16）。

図3-17を見てください。夏と冬の日射を図に落としてみました。見事に夏の陽は遮り冬は取り入れています。もちろん軒の出は変えていません。このような効果をあげるには軒の出を窓の大きさに合わせて検討しなければなりません。通常の住まいであれば軒の出は900~1000ミリメートルくらいが適当です。

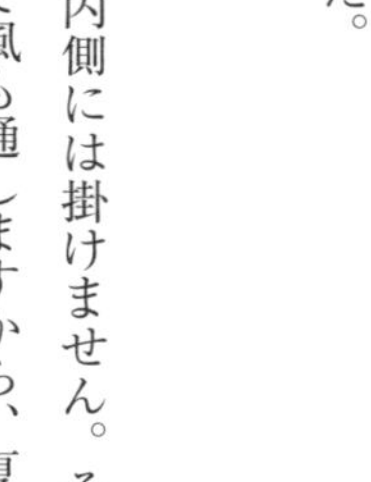

図3-15　台東区谷中の長屋（昭和7年築）

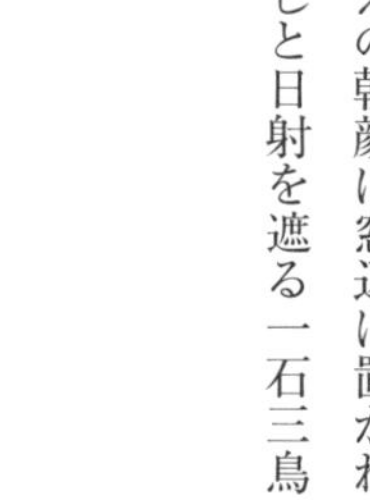

図3-16　民家の軒
深い軒（1,500mm）を支えるために腕木を室内から持ち出し先端に桁（水平材）を掛けている。

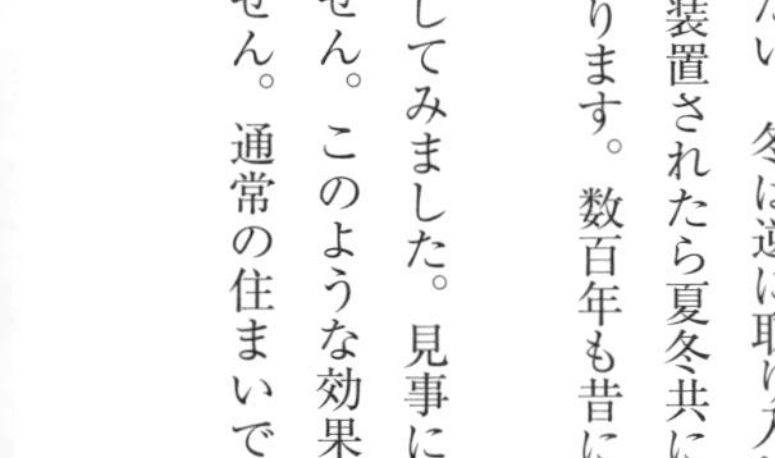

図3-17　軒の効用
夏の日射は軒でカット、冬は室の奥まで入る。

ではあらためて現代の建物の軒の出を見てみましょう。少し前までは当たり前のように軒を出していましたが、現代はほとんど出ていないか出ていてもわずかなのです（図3-18）。

寺の軒は更に深い　―軒や庇は日射の調整だけではなかった―

お寺さんで軒の出をあらためて見ると、深いのがよく目に留まります。短いのを探すのが難しいくらいです。どのくらい出ているのでしょうか。図3-19の寺は３１５０ミリメートル出ています。遠目に見るとさほど感じませんが、８畳の部屋の１辺の長さぐらいあるのです。なぜこんなに長く出しているのでしょうか。

世界最古の木造建築物は法隆寺五重塔で、１４００年ほど前、飛鳥時代に建てられています。その後のものも多数現存しています。寿命の長さは軒の出に関係しているのです。

軒の出を深くすると腐らない

木が「腐る」とは、腐朽菌や白蟻が木を食べることです。腐朽菌や白蟻は湿った状態を好みますので、材が水分を長きにわたって含んだ時に活動を始め食害を起こします。水分を含む原因の筆頭は雨です。従って軒を深く出して雨がかからないようにすれば腐らないことになります。一度建てたものは数百年から一千年は持たせようとした匠達は、雨から壁面を保護するために軒を深く出したのです。法隆寺の宮大工であった西岡常一氏は、昭和の解体修理を通じて、飛鳥時代の工人たちがこの寺を千年以上持たせる気概があったといくつかの事例をあげて語っています。「はねぎ」のように軒を深く出す技術も工夫されていました。

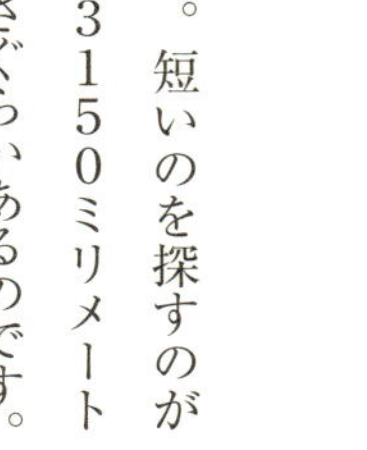

図3-18　現代の住宅（設計:不明）
軒の出がきわめて少ない。壁に雨が降り注ぐので傷みも早くなる。

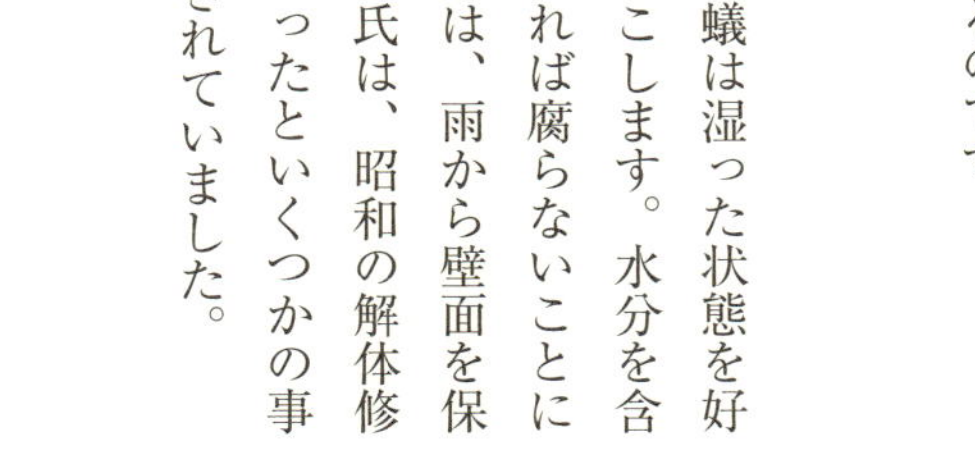

図3-19　浄光寺薬師堂（応永15〈1408〉年築）
軒の出は3,150mm。

古寺は針葉樹にこだわった　―針葉樹は伐採後強度が上がり続ける―

世の中の材の多くは時の経過とともに強度は落ちていきます。広葉樹は伐採時が最も強く時とともに下がり続けますが、針葉樹は伐採後久しくは強度が上がり続けます（図3-20）。しかし初期強度は広葉樹の方が針葉樹より強いのですが、いつの日か逆転してしまいます。しかし針葉樹でもある時期を境に下降に転じます。初期強度と同じになる時期がどのくらいなのかが気になります。西岡常一氏はこの期間は樹齢に相当するといっています。実際に法隆寺に使われていたのは樹齢1600年程の檜（針葉樹）でしたから、飛鳥時代の工人達はこの寺を1000年以上にわたってもたす気概を持っており、そのための術をすでに会得していたのです。

民家の軒は寺ほど深く出ていない

では住宅はどうだったのでしょう。現存する日本最古の住宅は兵庫県の箱木家です（図3-21）。約700年前の1307年、鎌倉時代の後期につくられました。軒が約1700ミリメートル出ていますが寺にはかないません。築1000年以上のお寺さんは数多く現存するのに住宅が皆無なのは、軒の出が関係しているといってよいのではないでしょうか。住まいは冬の陽を室内に取り入れたいですから、深く出す限度があったと思われます。寺は人が住む場ではないので、軒を深く出して冬の陽より建物の寿命を優先したのです。

民家の年齢は見ただけでわかる　―一分百年―

一分は時間の単位ではありません、寸法の単位3ミリメートルに当たります。3ミリメートルが百年とは何でしょう。

図3-21　兵庫県箱木家（鎌倉時代後期〈1307年〉築）
軒の出は1,700mm。

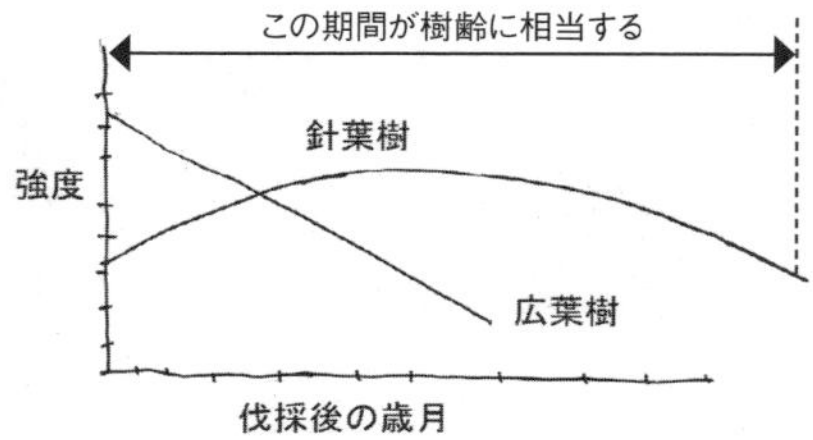

図3-20　針葉樹と広葉樹の強度

木の輪切りを見ると、年輪と呼ばれる茶色のリングが幾重にも見えます。この部分は秋から冬にかけてわずかに成長したところで、緻密な硬い層になります。年輪と年輪の間は春から夏にかけて旺盛に成長した部分で、成長が早く柔らかくなります。

風雨や雪にさらされますと、年輪と年輪の間が長い間に削られえぐられます。削り取られた深さが3ミリメートルほどになるには針葉樹の場合約百年かかります。このことを「一分百年」と呼んでいました（図3-22）。

板壁は長寿命

土蔵の外壁の下半分に木のパネルを架ける事例を多く見ることができますが、これは外壁の下の方に雨が多くかかり土壁や漆喰壁が傷むので、木のパネルを架けて保護しようとしているのです（図3-23、3-24）。傷んだら容易に取り換えられるように、パネル化し取り外しができるようにしてあります。ところがよく見ると、木板の年輪と年輪の間が一分（3ミリメートル）くらい削り取られています。これは百年くらい経過していることの証なのです。防腐剤を塗ったわけでもないのにどうしてこんなに持つのでしょう。木の特質をよく見極めているからです。木が腐るのは白蟻などが食べるためで、彼らの好まない環境においてあげれば食害にあわないのはすでに触れました。その最も手を打ちやすいのが水分です。板が雨に濡れても、その状態が長く続かなければ腐らないので、乾くようになっていればよいのです。先人は木の特徴をしっかりつかんでいました。雨が降ってくると木が水分を吸って膨張し、板と板の隙間が閉じ

図3-24　土蔵の腰パネル
福島県矢祭の金澤家ひむろ（こんにゃく貯蔵乾燥）土蔵（明治期築）

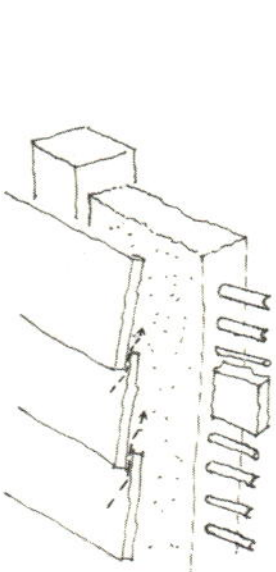
図3-23　外壁下見板パネル板間の通気と遮断

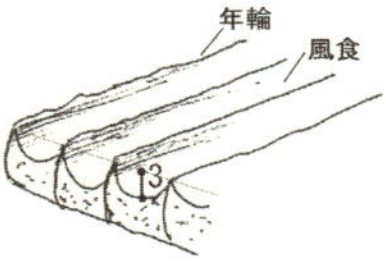

図3-22　一分百年
風食で削られた寸法が3mmほどになるのに100年かかる。

て雨が中に入りにくくなり、雨が上がると木の中の水分を出して縮み、板同士に隙間が生まれて内部の水蒸気が外に出ていきます。湿気が板の内部にこもらないので湿らず腐らなくなるのです。木の調湿と膨張収縮を見事に応用していました。

縁側は深い軒の半外空間

民家の縁側の柱を見てみましょう（図3-25）。柱の下の方の年輪と年輪の間が一分（3ミリメートル）くらい削られているのをよく見かけますから、この柱は百年くらい経過していることになります（図3-26）。縁側の部屋境にある柱にこのような風食が見られるということは、縁側の奥が雨風にさらされていたことになります。近年の家では縁側の外境にガラス窓がはめ込まれていますが、このような事例が見られる場合は縁側に窓はなかったことを示しています。江戸・明治期の農家は、縁側の外側に窓はなく屋根は深く掛かる半分外状態の絶妙な空間がつくり出され、さまざまな暮らしが展開されていました。

図3-25　越中五箇山合掌造岩瀬家の縁側
（300年ほど前築）
南砺市西赤尾町

図3-26　縁側と室境の欅柱の風食
柱材の年輪と年輪の間が長年の風雨で削られた。

3 断熱材を使わずに屋根を遮熱する

夏の屋根はあなどれない

夏は屋根面に太陽からの放射熱が降り注ぎ60～70℃になります。空気温は30℃ほどですから、その差40℃は空気を暖めない熱エネルギー（放射熱）によるものです。ここに有効な遮熱対策を施さないと涼しい室内はできません。

屋根遮熱に断熱材の1ミリメートルもいらない

断熱材は空気の熱を遮るのには有効ですが、空気を暖めない熱エネルギーの遮熱にはもっと有効な方法があるのです。それが窓の外に掛けるブラインドの原理です。受熱面の窓を屋根に置き換え、その外側にブラインドにあたる遮蔽物を設ければ、断熱材は全く使うことなく80％をカットできるのです。

置き屋根

土蔵の屋根に着目していただくと、本体とは別の屋根が載っているのに気がつくと思います（図3-27）。土蔵は耐火が最大の目的ですから屋根も土で覆いました。雨に洗われると流れてしまいますから、その上にもう一つの屋根を載せたとみられます。ところが一つの効果で満足せず、土蔵の収蔵物に良好な室内環境をつくるためにこの屋根を利用したのです。窓の前に掛けるブラインドの効果をこの屋根に兼ね備えさせました。この屋根を一般に置き屋根と呼び、屋根遮熱の効果を上げていたのです。

図3-27　新潟県当間集落佐藤光夫家の土蔵

歴史は鎌倉時代にさかのぼる

鎌倉時代の絵巻物『春日権現験記絵』に置き屋根とみられる画面が出てきます（図3-28）。大火事で多くが焼けてしまった焼野原に土蔵が一つ残っています。土蔵の耐火性がすでにこの時代に実証されていたことになりますが、さらに面白いのは壁も屋根も同質の白い材で描かれています。漆喰か土壁かは判断しかねますが、いずれにしても雨に洗われる屋根を塗り壁だけでこしらえるのは考えられず、この上にもう一つ雨除けの屋根が載っていたのではないかとみられます。まさに置き屋根です。この屋根は火事で焼け落ちてしまったのでしょう。約７００年も前に放射熱の遮熱手法を見つけ出していたのですからびっくりです。

本当に遮熱効果はあるのか

実際にどのくらいの効果を上げていたかを江戸期の民家実測から見てみましょう。

(1) 群馬県旧六合村赤岩集落湯本家主屋

１８０３年の大火の後の１８０６年、江戸期の晩年につくられた土蔵造りの旧家で、クーラーも扇風機も無く夏を過ごしています。建物外観と断面と屋根詳細は図3-29、3-30、3-31のようになります。

実測した結果は図3-32になります。上の屋根が65℃くらいに上がりますが、下の土屋根は32℃ほどに下がり外気温の30℃に近くなります。この間には断熱材は全く使われていません。土屋根を挟んだ室内最上階の天井面は外気温より3～4℃下がります。クーラーを使わずに外気温より下がるのですから大変な出来事です。この家にクーラーがないのは暑さに耐えているのではなく必要ないのです。

図3-28　『春日権現験記絵』第14軸（一部）
出典:国立国会図書館デジタルコレクションより転載

図3-29　湯本家主屋 外観

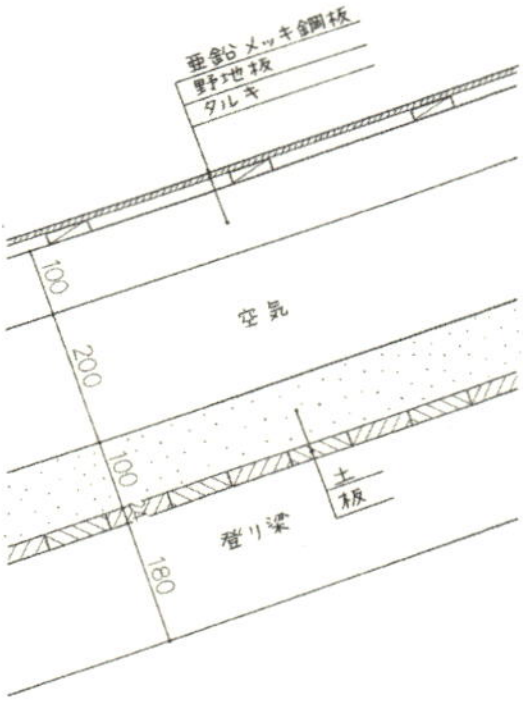

図3-31　湯本家主屋 置き屋根詳細

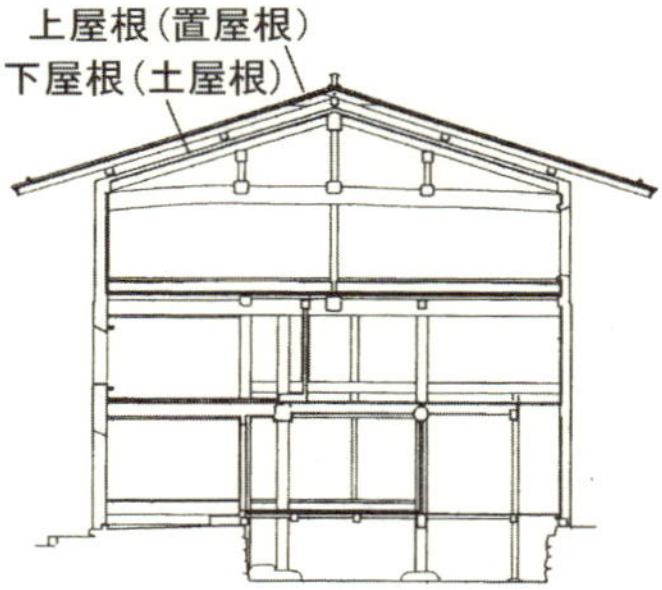

図3-30　湯本家主屋 断面

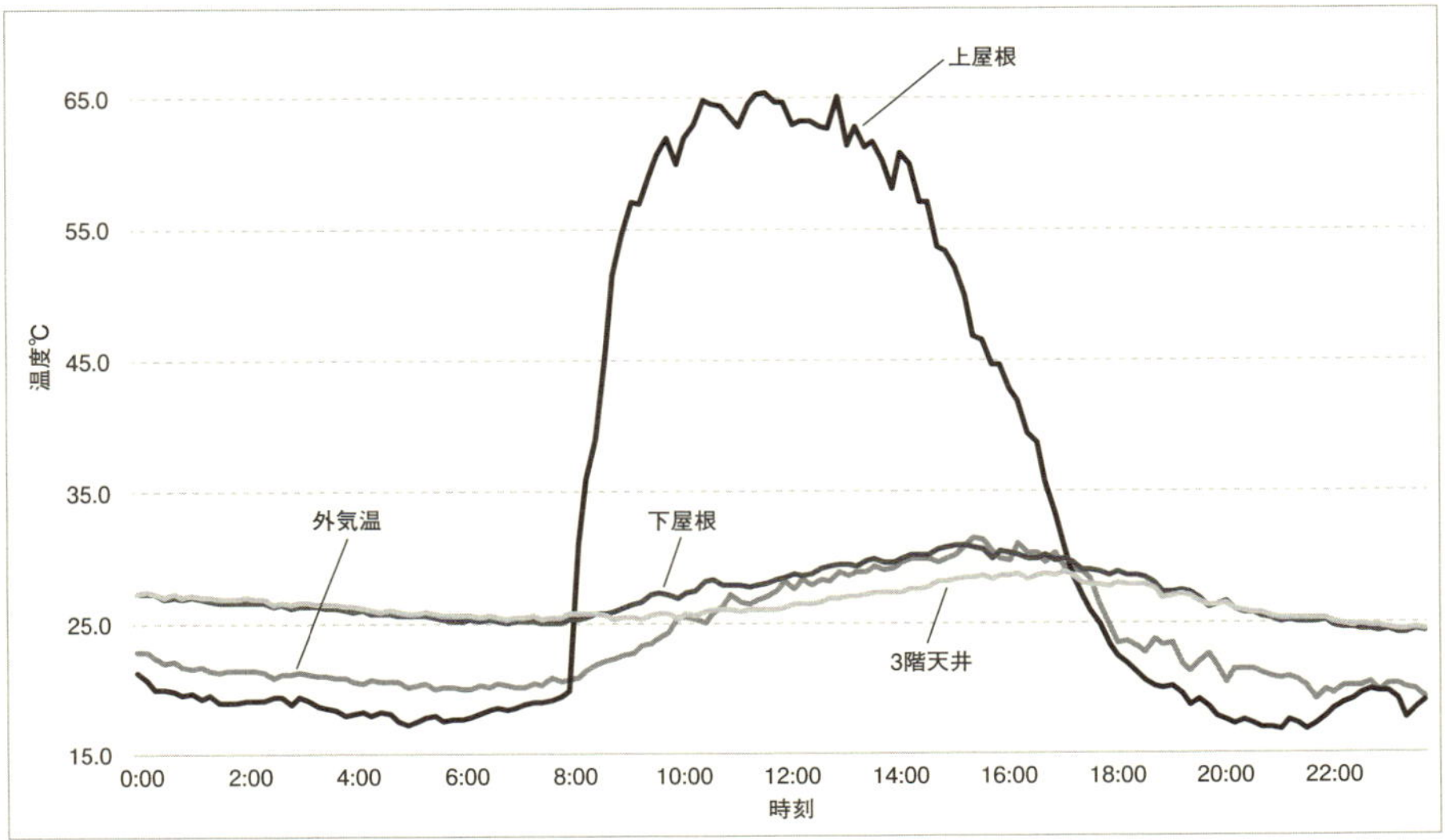

図3-32　湯本家主屋　置き屋根の遮熱効果（2009年8月14日計測）

（2）群馬県旧六合村赤岩集落湯本家土蔵

（1）の主屋と同一敷地内にあります。主屋と同じ土屋根の上に金属板屋根が載る置き屋根です。外観と屋根断面と測定結果は図3-33、3-34、3-35になります。

図3-35から、上屋根が65℃の時に下屋根は32℃で外気温30℃とほぼ同じになるのが読み取れます。最上階の天井は25℃ほどで外気温より5℃ほど低くなります。クーラーを使わず現代の断熱材も全く使うことなく外気温より低くできるのです。

一般の住居は屋根面温度60~70℃を屋根裏に取り込みますが、置き屋根は外気温並みに落ちた温度を室内に取り込むので全く前提が違うのです。どちらが無理なく室内環境を良くできるかは歴然です。ブラインドを窓の外に掛ける日射（放射熱）遮熱の原理を応用したものです。

屋根遮熱に断熱材は労多くして効少なし

前節で窓の前にすだれを掛けると空気を透過してきた放射熱（日射）の8割がカットされる話をしました。この屋根版が置き屋根でした。この原理は空気を透過する放射熱の遮熱に効果的です。夏の屋根面が60~80℃で空気温は30℃、その差40℃ほどは空気を暖めない熱エネルギー（放射熱）になります。だとしたら、空気温の遮断は断熱材の方が有効ですが、日射を遮るには放射熱の遮熱を考えたほうが素直な対応になります。それでは断熱材を入れた一般的な屋根と断熱材を全く使わない置き屋根を比較してみましょう（図3-36~3-41）。

断熱材を使った屋根は最上階の天井面温度が外気温より3℃ほど高いですが、断熱材を全く使っていない置き屋根は3．5℃ほど低くなります。屋根面の遮熱は断熱材より入射熱を遮る方が効果的なこと、クーラーを使わずに外気温より室内温を下げられることがわかります。

図3-33　湯本家土蔵 外観

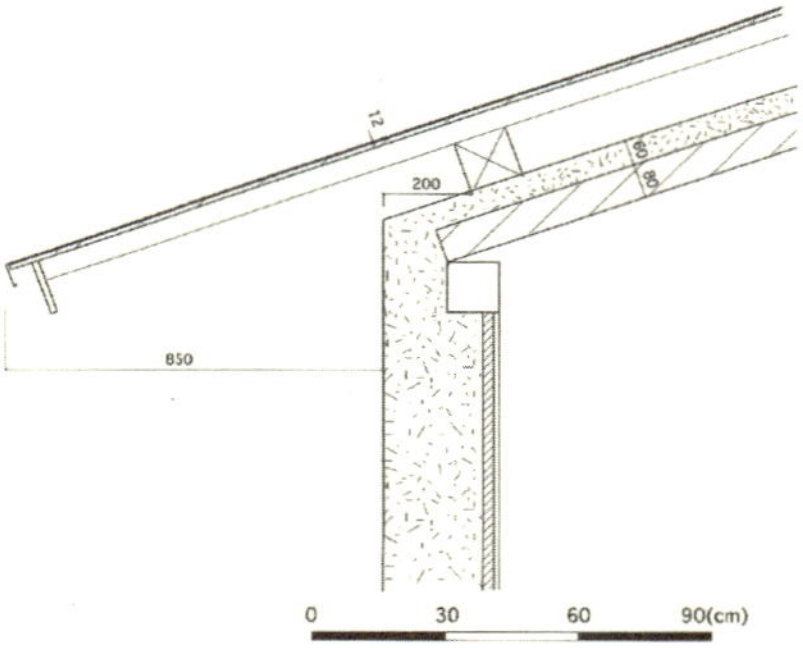

図3-34　湯本家土蔵 置き屋根詳細

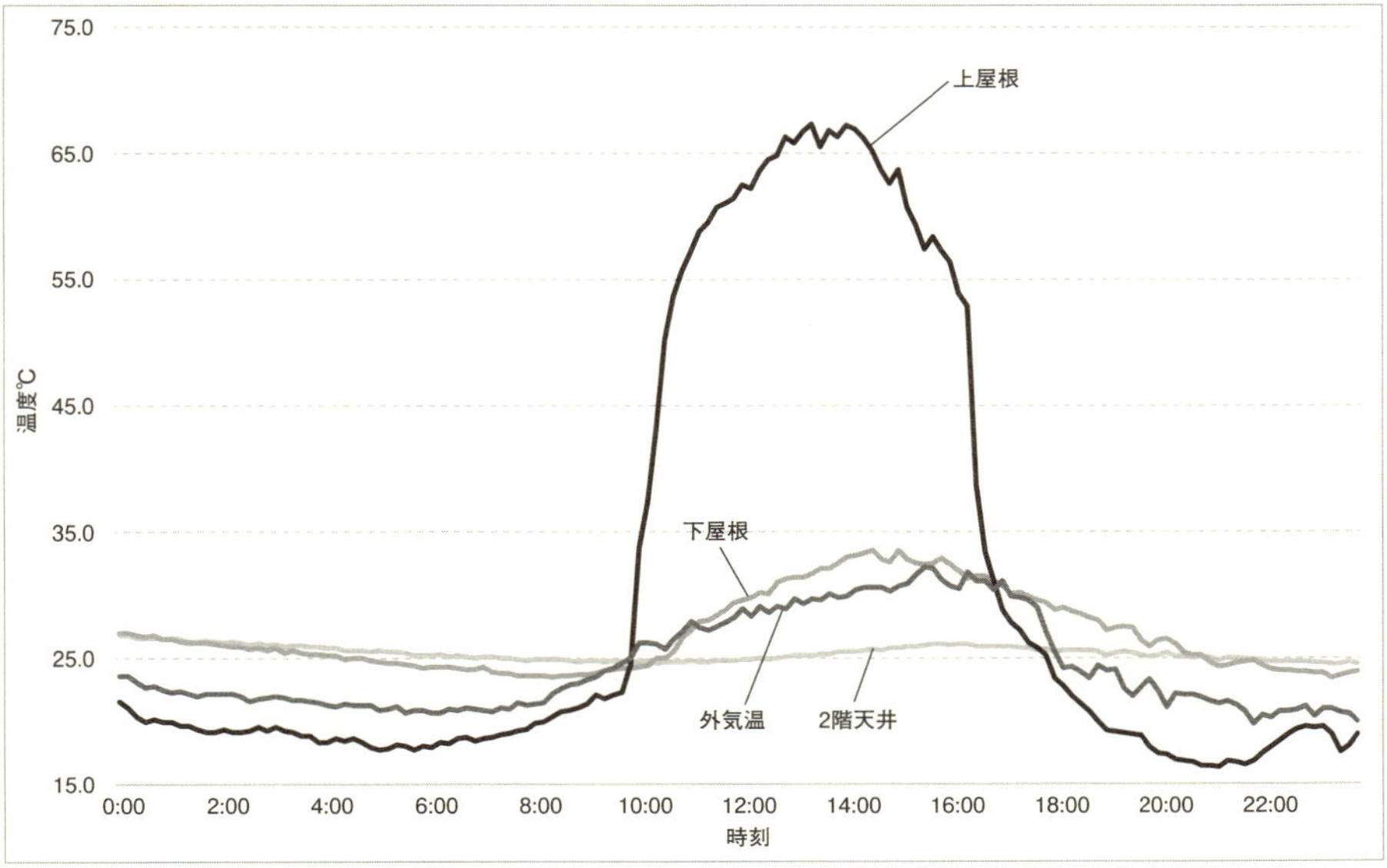

図3-35　湯本家土蔵　置き屋根の遮熱効果（2009年8月14日計測）

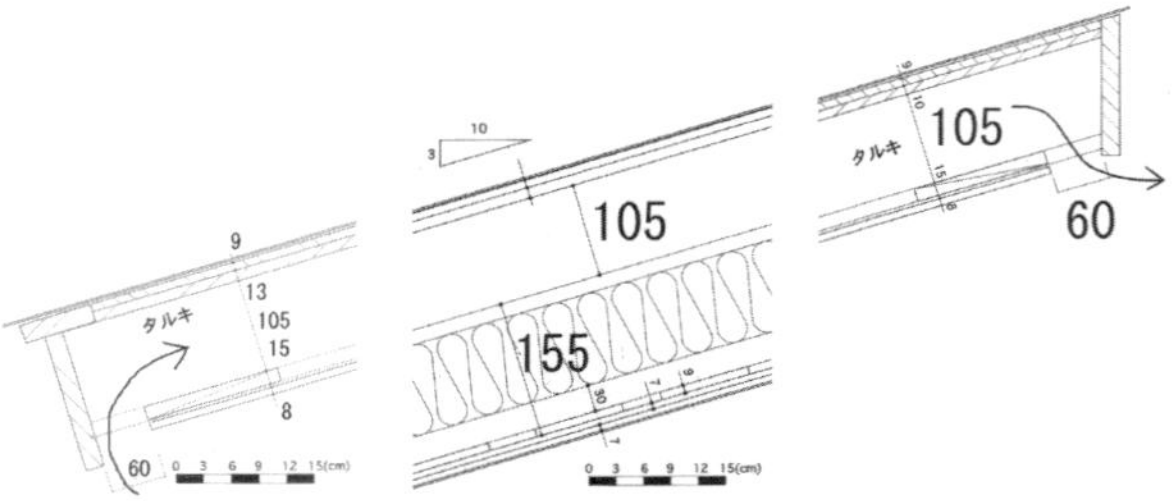

図3-37　断熱型通気屋根の家（馬込の家）屋根断面図

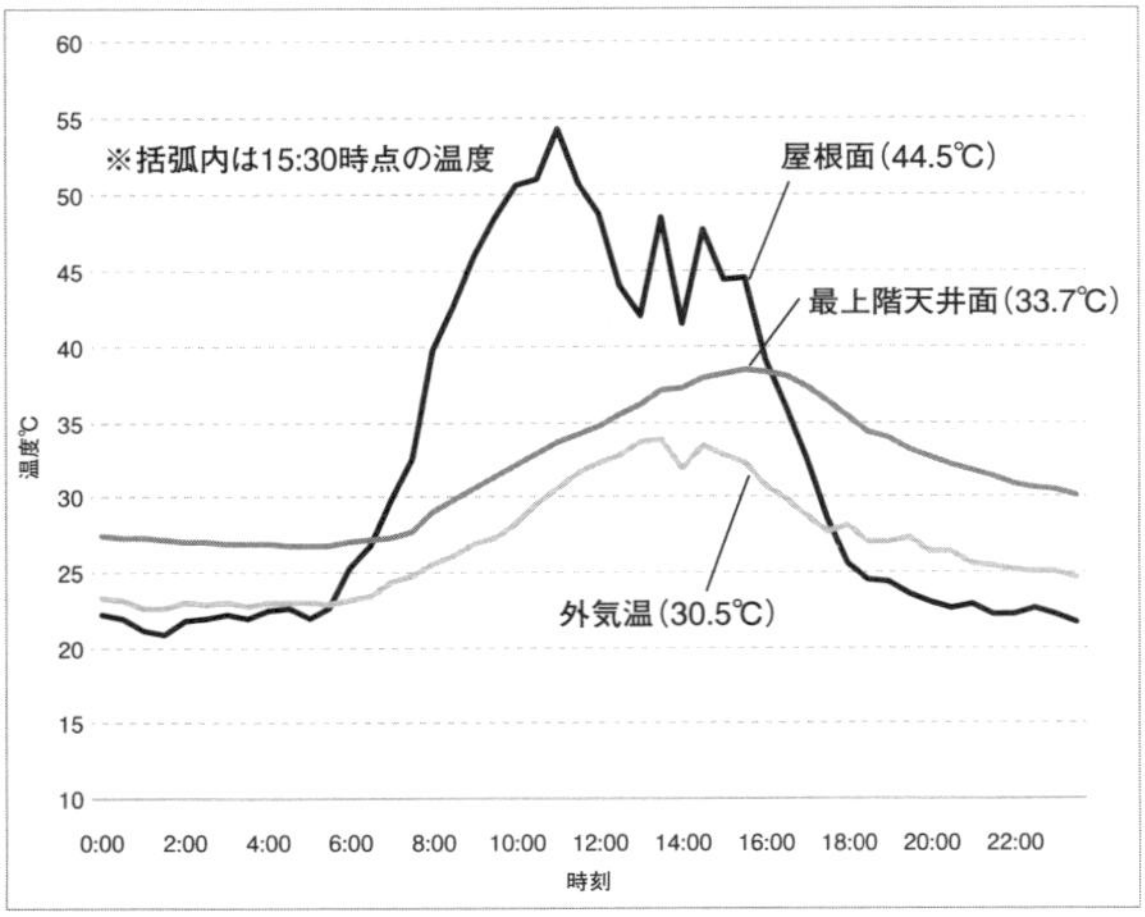

図3-38　断熱型通気屋根の家（馬込の家）の屋根温度
（2000年8月19日計測）

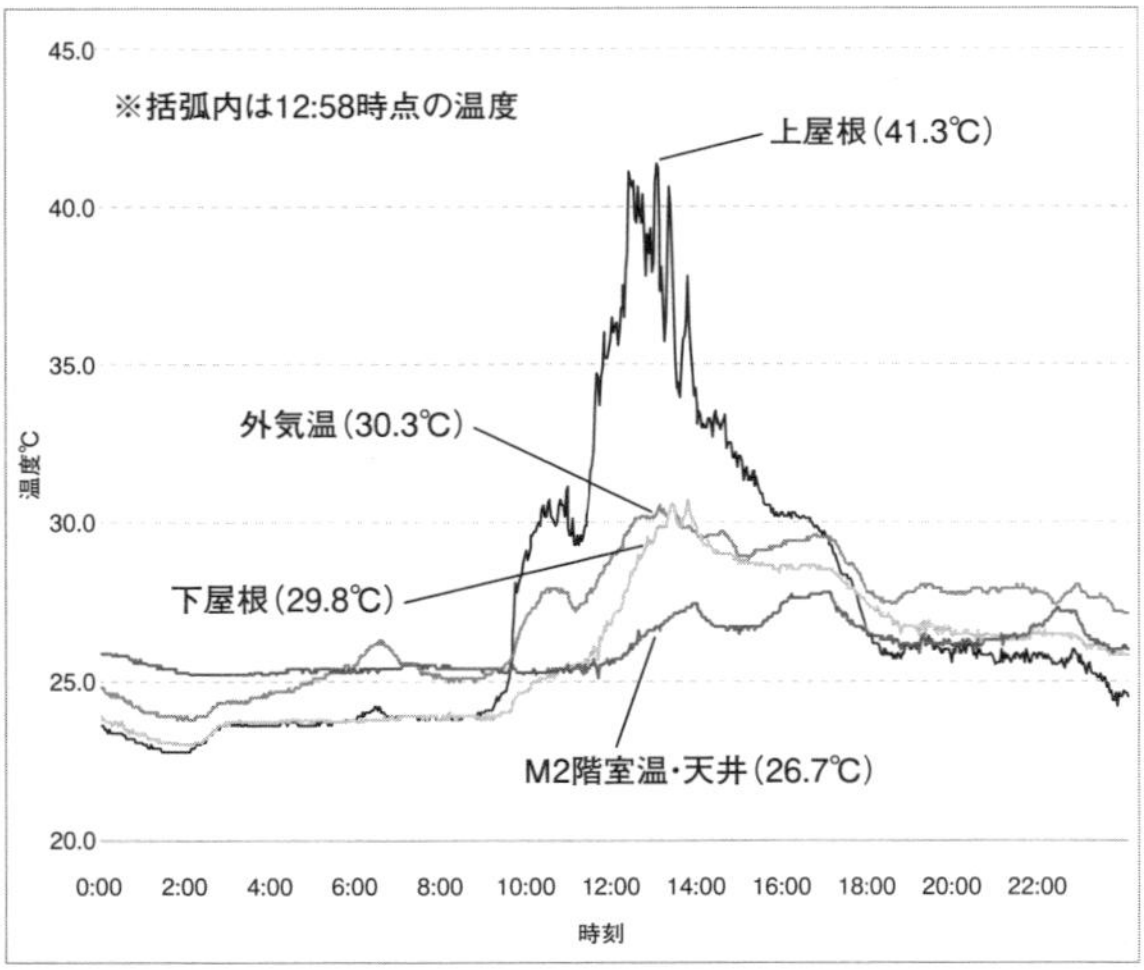

図3-41　置き屋根の家（王禅寺の家）の屋根温度
（2007年9月6日計測）

図3-36　断熱型通気屋根の家（馬込の家／設計:無垢里）外観

図3-39　置き屋根の家（王禅寺の家／設計:無垢里）外観

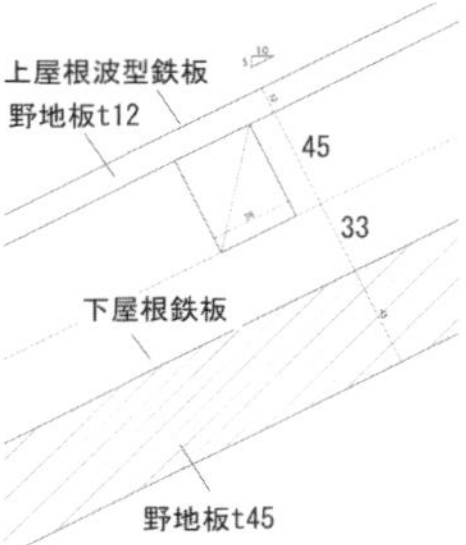

図3-40　置き屋根の家（王禅寺の家）屋根断面図

放射熱遮熱の原理はどうして？

その原理を探るために実験をしました。同一の場所に二重屋根の間隔を変えた3体の実物大サンプルを用意し、各々の遮熱性能と二重屋根間の風速を測りました。

実験は2010年の8月に、法政大学小金井校舎屋上に二重屋根間の寸法を50、100、150ミリメートルにした実物大の屋根を用意して実測しました。全体写真・断面・モデル図は図3-42、3-43、3-44のようになります。

図3-45、3-46はその結果です。上下屋根間が大きくなるほど下屋根の温度は下がっています。では上下間の風速はどうでしょう。間が大きいほど速くなっています。間が大きくなると風速が速くなり遮熱が大きくなるのです。風速と遮熱が深く関わっているのがわかります。

上下の間が大きくなるほど遮熱効果が上がる

上の屋根面から熱が伝わった空気は風とともに抜けてしまいます。伝達熱量が大きいほど屋根面温度が下がることになります。物体と空気との熱伝達量は風速に比例するので、上と下の屋根間風速が速いほど遮熱の効果が上がることになります。

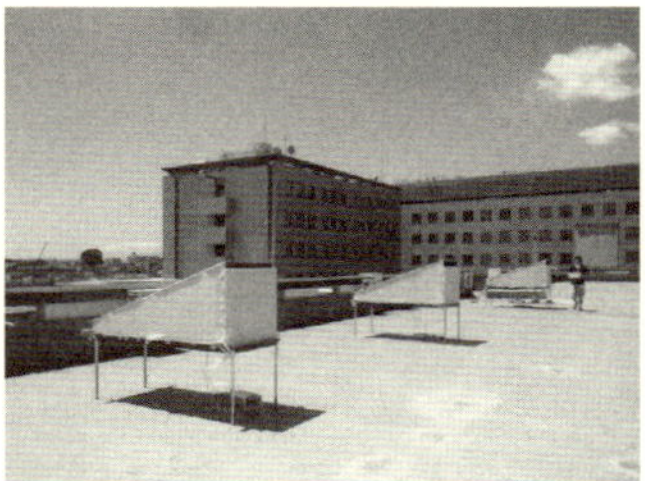

図3-42　実験風景

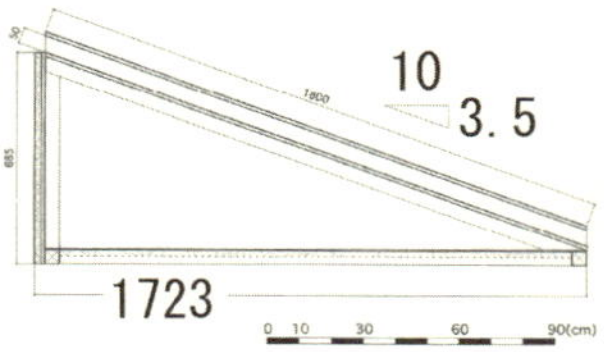

図3-43　実験箱断面

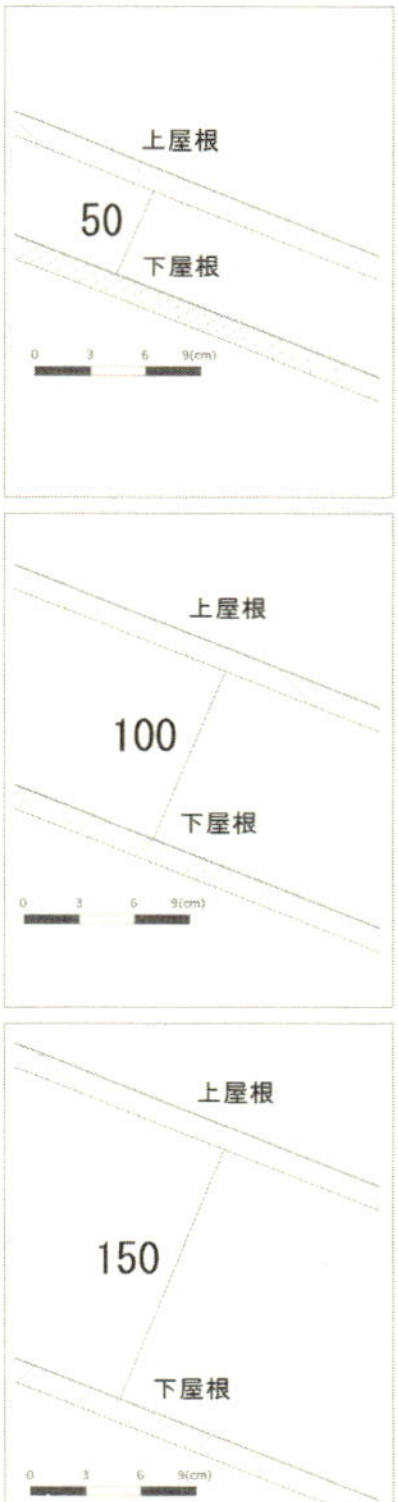

図3-44　実験箱断面詳細

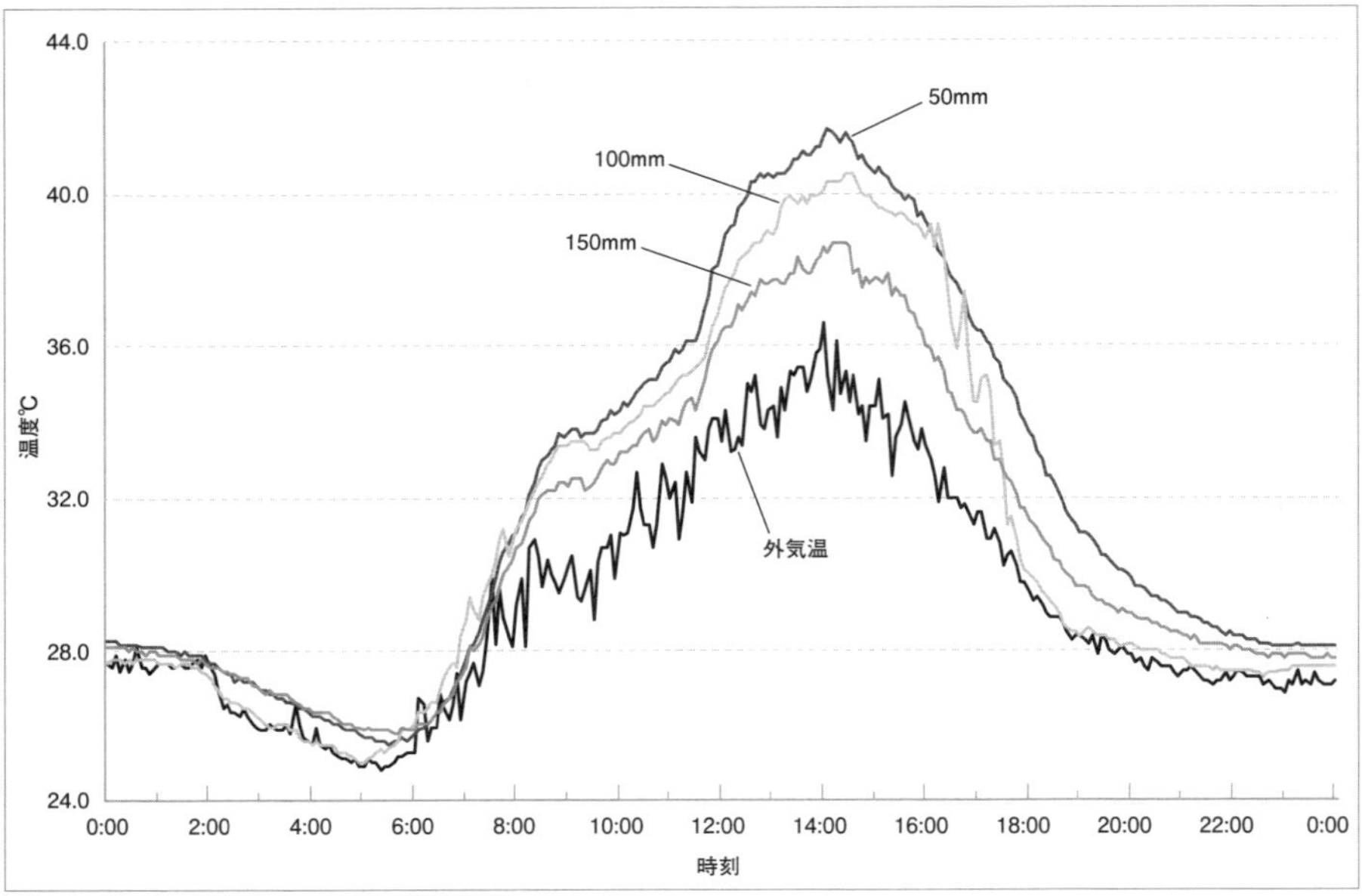

図3-45　間隔を変えた二重屋根の下屋根温度比較（2010年8月21日計測）

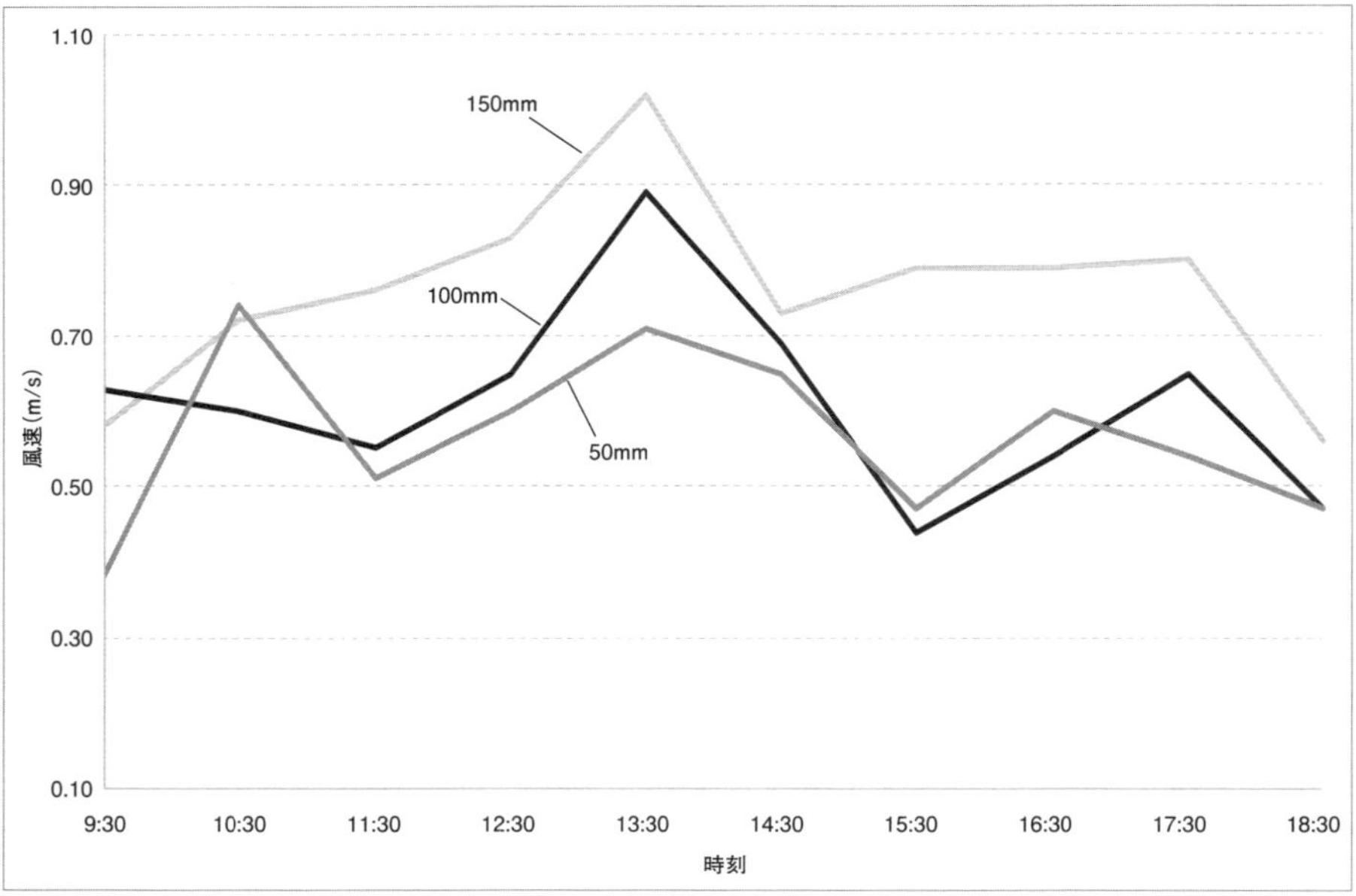

図3-46　間隔を変えた二重屋根の上下屋根間の風速比較（2010年8月11日計測）

夏の遮熱に有効な置き屋根の冬はどうでしょう

置き屋根が夏の屋根遮熱に効果を上げることはすでに触れました。しかし太陽の熱を受け取りたい冬も遮熱になっては考えさせられます。そこで冬の実測をしてみました。

室内が暖房の影響をほとんど受けない群馬県旧六合村湯本家主屋屋根の冬の実測を見てみましょう（図３-47）。この図を見ると、上の屋根が夜間になると外気温より下がっています。この現象は他の置き屋根実測事例でも共通に出てきます。

放射冷却

これは夜間の放射冷却によるものとみられます。放射冷却は宇宙空間が地面や屋根面より低いマイナス２７０℃程なので、地球から宇宙に向かって熱が放射され、地面・屋根面の温度が下がってしまう現象です。

下屋根温度は上屋根より高くなる

置き屋根の下屋根夜間温度を見てみると外気温より上がっています。屋根直下の部屋が暖房されているとその影響が考えられますが、湯本家主屋３階は暖房の影響がほとんどありませんのでそのせいではありません。現代住宅の事例でも見てみましょう（図３-48、３-49）。ここからも下屋根が上屋

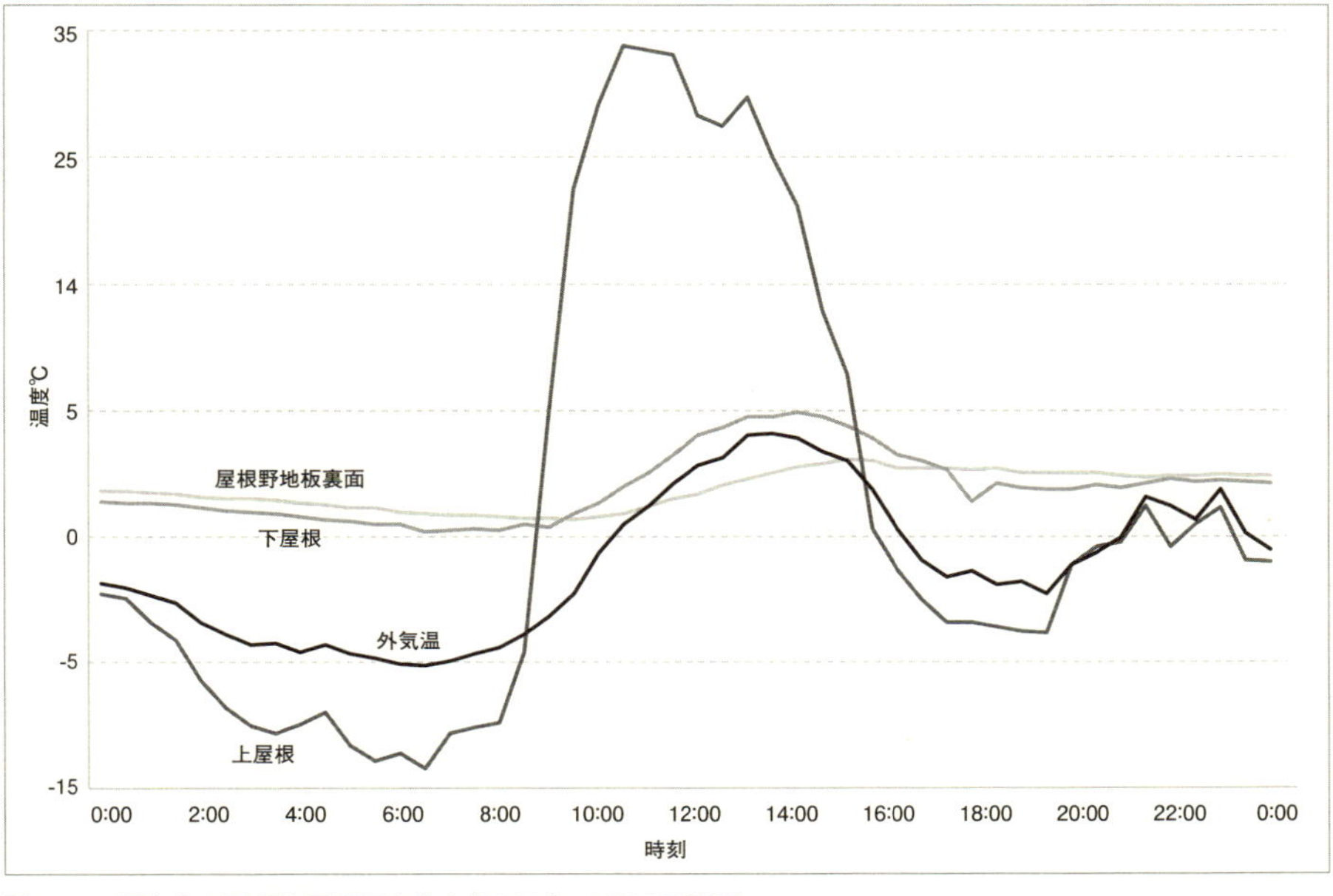

図3-47　湯本家主屋 置き屋根温度分布（2000年12月23日計測）

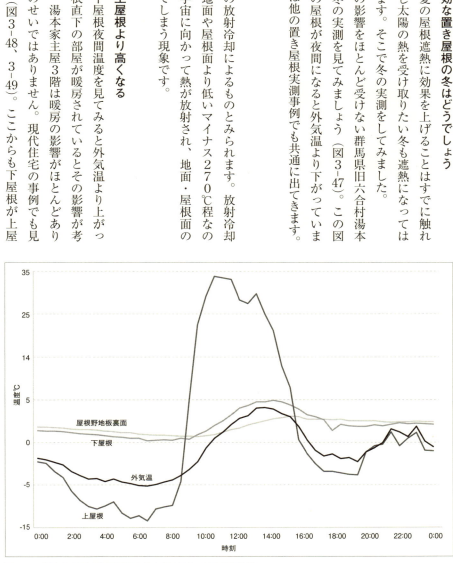

根より高くなっていることがわかります。

この現象は下屋根から空に向かう放射が上屋根で遮断されるためで、外ブラインドの遮熱原理が働いているとみられます。

冬の夜間は置き屋根が通常屋根より有利

通常は冷やされた屋根面の影響が直下の部屋を冷やすことになりますが、二重屋根になっていると放射冷却の影響を回避できるので、室内への影響を少なくすることができます。

置き屋根は日中の太陽受熱には不利になりますが、熱を奪われる夜間にその軽減が図れるので有利に働くことになります。

図3-48　稲村ヶ崎の家外観（設計:無垢里）

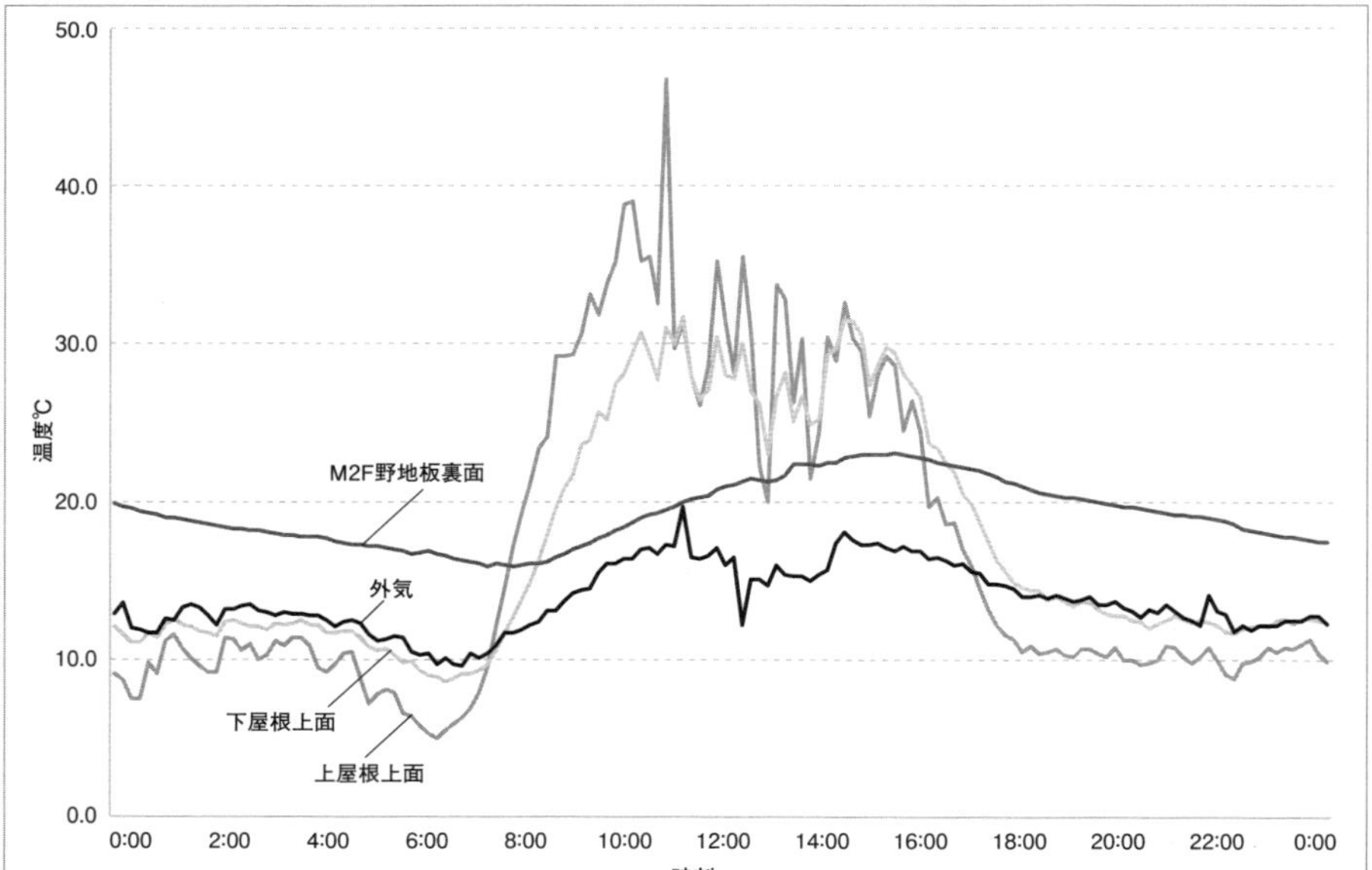

図3-49　稲村ヶ崎の家 置き屋根温度分布（2000年12月23日計測）

4 断熱材を使わずに熱を遮る

熱帯夜は都会特有の現象

熱帯夜は都会特有の現象です。大方の土面をアスファルトで舗装したために草が生えなくなりました。雨の日に泥で汚れなくなって良かったのですが、草の類が無くなってしまいました。その結果路面を遮熱するものが無くなり、日射の大半が地面に降り注ぐことになりました。さらにアスファルトは蓄熱材なので日中の熱が蓄えられ、夜間に放熱されるために気温が下がらなくなったのです。

都心の路面を測ってみる

真夏に都内のアスファルト舗装面がどのようになっているかを測りました。図3-50は、アスファルト路面と草地の温度を比較した結果です。路面は60℃で外気温40℃より20℃高くなっています。屋根面と同じ状況が生まれています。路端の草地は葉の表面で36℃、葉陰の地面は32℃で外気温40℃より低くなっています。葉が外ブラインドの役を担っています。受熱面の入射側で遮蔽物を設ける遮熱効果が草でも生きています。

ツタが絡まる壁

ツタの絡まる壁はかつてよく見られましたが、わずかに残る都内の壁を測りました。写真に測定値を落としたのが図3-51です。

葉の表面は塀の表面より10℃ほど低くなっています。これは何が起きているのでしょう。葉の中で根から吸い上げた水分と空気中の二酸化炭素を取り入れて養分をつくっています（光

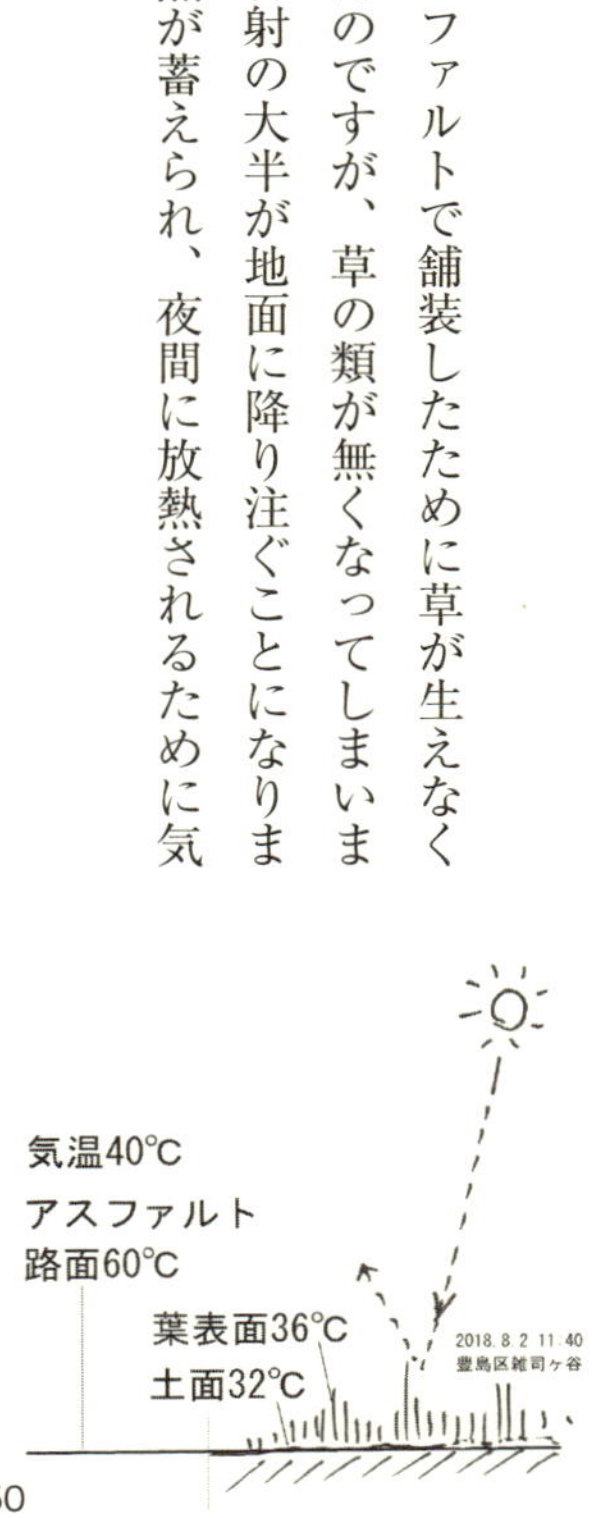

図3-50
夏の路面と草地の温度比較（2018年8月2日計測）

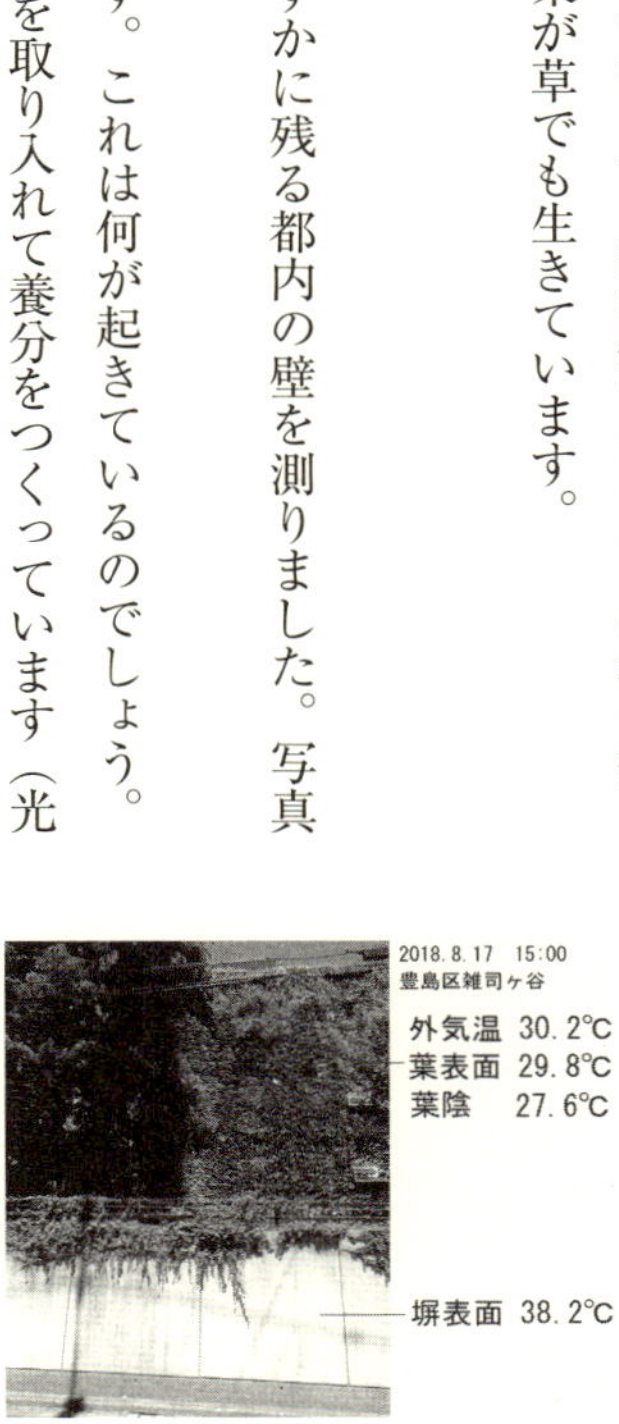

図3-51
夏の壁面と葉陰の温度比較（2018年8月17日計測）

合成）。葉にはこの水分があるので一部は蒸発をしています。葉から熱をもらい受けて蒸発していますので、葉の表面の温度が下がるのです。葉の蒸散作用になります。

ツタの葉が日射を遮る

日射を直接受けている塀の壁面は外気温より8℃ほど高くなりますが、葉陰は3℃弱下がります。また、図3-52の路面は外気温より上がりますが陰部は下がります。太陽からの放射熱（日射）は、入射側で遮蔽になるものがあると受熱面に顕著な遮熱効果の出ることがここでもわかります。

壁面は路面より表面温度が低い

図3-51と図3-52から、路面（水平面）の表面温度が壁面（垂直面）より15℃ほど高くなっていることがわかります。同時刻で同一場所なのになぜこのような差が生まれるのでしょう。それは、放射熱線と受熱面との間にできる角度が、路面は90度に近いのに対して壁面は10〜20度で、受熱量に差が生まれるためです。詳しくは3章の1節をご覧ください。

放射熱の受熱量は色で変わる

図3-52を見ると、路面の白地面は黒地面より10℃ほど低くなっています。これは、白地面は放射熱の反射率が大きいからなのです。表面温度で2割違っています。白系は70％ほどですが黒系は45％になります。同じ材料でも色を変えることで受熱量を変えることができますので、屋根に白系の色を使うと夏は遮熱効果を上げるのに有効です。しかし冬も遮熱になってしまうので、片手落ちになってしまいます。その点、屋根勾配や軒、落葉するツタによる遮熱は夏冬

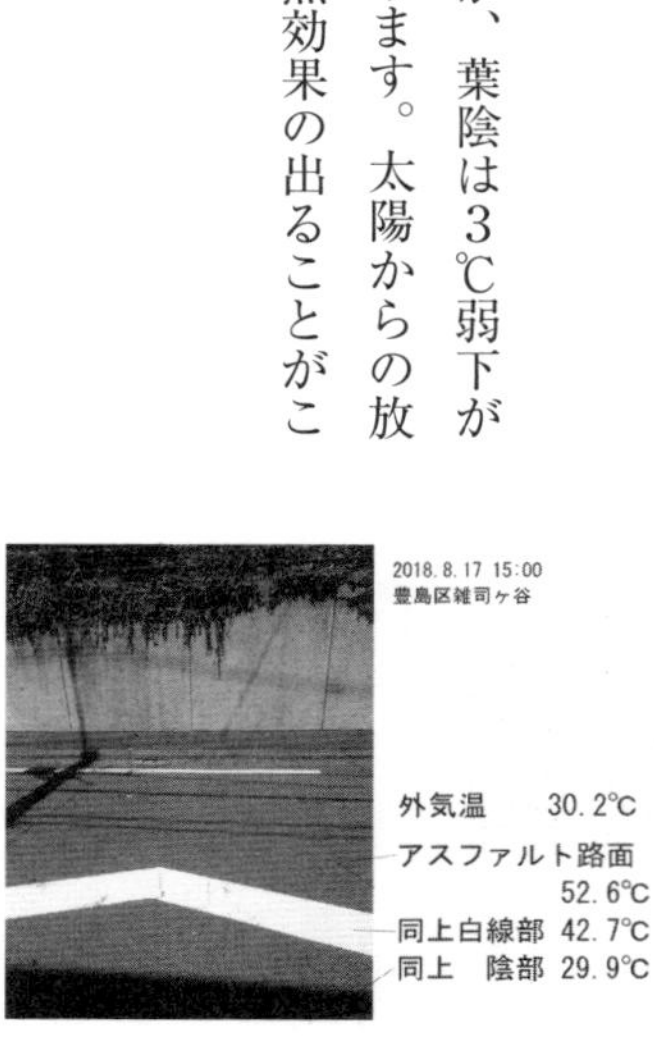

図3-52　夏のアスファルト路面・白線部・陰部の温度比較（2018年8月17日計測）

共に有効に働きますから、なかなかの優れものです。

屋上緑化の遮熱

都心・神楽坂に建つ5階建ての3世帯住宅（設計：無垢里）に設けた屋上緑化の遮熱を見てみましょう（図3-53、3-54）。

5階から屋上に上がる斜面に植えた芝生の葉上面は外気温より高くなっていますが、葉陰になる下面は2℃ほど下がっています。前述の壁面の緑化と同じような遮熱効果が生まれています。

屋上すのこの遮熱

緑化は保水・根・重量・工事費・散水・維持などの課題があり簡単には施工できませんが、すのこになるとかなり気が楽になります。どのくらい遮熱効果があるか、同じ建物の5階屋上に設けたすのこの実測から見てみましょう（図3-55、3-56）。すのこ上面は45℃ほどに上がりますが、すのこの下は外気温と同じか下になります。この間に断熱材は全くありません。これら一連の遮熱効果は、外ブラインドの原理によるもの

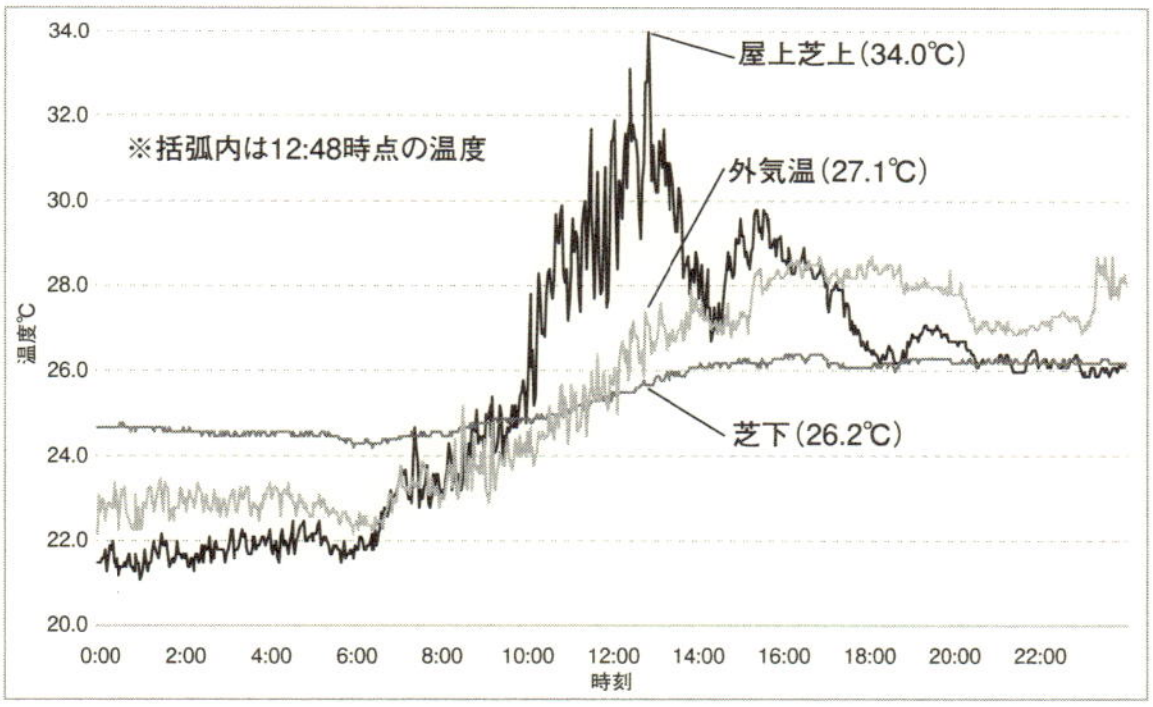

図3-54　神楽坂の家　屋上緑化による遮熱効果（2006年9月7日計測）

図3-53
神楽坂の家の屋上緑化（芝生）
（設計：無垢里、作庭：落合造園）

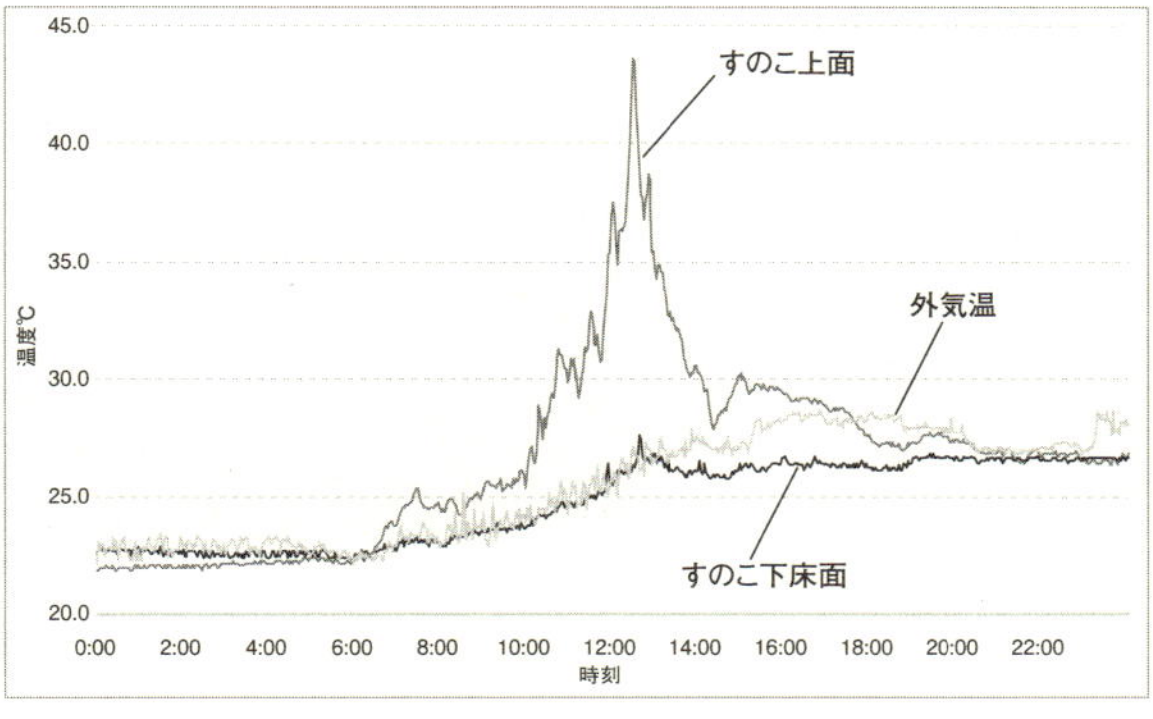

図3-56　神楽坂の家　屋上すのこによる遮熱効果（2006年9月7日計測）

図3-55
神楽坂の家 屋上すのこによる遮熱

です。

西日を格子で遮熱する

西日遮熱を外ブラインドの原理で試みてみましょう。次のような方法が考えられます。

（1）落葉樹を植える。夏は茂った葉が横方向から注ぐ日射をしっかり遮ってくれますが、冬は落葉して太陽が当たるようになります。都合の良い木ですが生木ですから、剪定などの管理も必要になります。

（2）すだれ・よしず

（3）格子をつける。格子は、外と内が壁で遮断されたのとは違い空気が流通し光が透過しています。この微妙な関係は夏の西日遮熱にも効果を上げることができます。外光は入ってきながら西日の放射熱線はカットするという都合の良い方法です。

西日は太陽の高度が低くなって水平に近い角度ですので、軒や庇ではカットできないのです。通常ならすだれのような外側の遮熱膜になってしまうのですが、太陽の方位は刻々変化するので、格子にすると一瞬は室内に入りますがその時以外はカットされます。

格子は一石三鳥

江戸期の京町家など、都市部の住居には道に面する窓に必ずといってよいくらい格子が付いていました。都市部の住居は建物が道ギリギリに建っていましたから、道行く人から内が丸見えになりかねませんので、その対策として格子を付けました。中からは外がよく見えるのに外からは中が見えなくなる不思議な効果があります。火事の時は格子が遮熱の役割をして窓面の温度を下げます。耐火性を持たせることもできるのです。明治時代の京町屋、及び現代の家に用いられた格子の光景を、図3-57、3-58でご紹介します。

図3-57　京都市中京区新町通の京町家（明治42年築）

図3-58　平和台の家（設計:無垢里）

5 断熱材を使わない断熱 ―空気をはさむ断熱効果―

空気温の断熱に断熱材は必需品だと思われていますが、断熱材を全く使わずに断熱する方法があります。

江戸期の空気層を挟んだ断熱窓

農家の外境は、明治後半になるまではガラス戸は無く、板戸と障子だけで外気と遮断していました。板戸と障子の間には約40ミリメートルの空気層が挟まっていました（図3-59）。江戸後期になると縁先に雨戸が登場し、部屋境の障子との間が900ミリメートルほどに広がります。この空気層が断熱効果を持っていました。

空気層厚35ミリメートルが最大効果

空気層の厚さと断熱効果の関係を見ると、空気層が厚くなるに従って急激に断熱効果が上がっていきます。最も効果を上げるのが35ミリメートル前後で、それより厚くなるにつれて少しずつ下がっていきます。この空気層は密閉性が高いほど効果を上げます。空気層断熱を図る時は層厚35ミリメートルを狙いたくなります。

ペアガラス（複層ガラス）と二重サッシの断熱比較

ペアガラスはこの空気層の断熱効果を利用したもので、2枚のガラスの間に6ミリメートル（寒冷地では12ミリメートル）の空気層を挟んで断熱性能を持たせています。この厚さは最大効果の35ミリメートルからみたらかなり落ちますので、空気層をさらに厚くしたくなり

図3-59　埼玉県高橋マツ家（江戸前期〈18世紀前半〉築）

ます。二重サッシは空気層が30〜40ミリメートルになりますので、ペアガラスより断然効果が上がります。かつてエコポイントをつけて政府が推奨した理由はここにあります。

Low-Eペアガラス（複層ガラス）

Low-Eペアガラス（複層ガラス）は外側のガラス内面に熱線反射膜をコーティングしたペアガラスで、夏の日射を反射させる工夫をしたものです。夏には一段と優れた省エネ効果を上げるので政府も推奨しています。しかし冬の日射も遮ってしまいますので、太陽の放射熱を利用しようと思うときにはマイナス効果になってしまいます。軒を深く出して夏の日射を遮熱し冬は取り入れながら、空気の熱は空気層で断熱する方が自然の理にかなっているのではないでしょうか。

普通のガラス、複層ガラス、Low-E ペアガラスの日射透過率を図3-60に表します。

雨戸の断熱効果

雨戸を設けるとガラス窓との間に空気層がつくれますので、断熱効果が一段と上がります。冬、外気温が下がる夜に雨戸を閉めるのは理にかなった暮らし方なのです。現代の雨戸は金属が多いですが民家は板戸でした。板は金属と違って断熱性能が格段に良いので、同じ空気層を挟んでも一層効果的でした。

合板の雨戸とガラス窓が90ミリメートルの空気層を挟んでいる事例の測定結果を図3-61に表します。外気温と合板内面の温度差3．5℃は合板の断熱性能によります。合板内面とガラス内面の温度差3．2℃は空気層断熱とガラスの断熱によります。厚3ミリメートルガラスの断熱性能は数字に出ないほどなので、実質、空気層断熱の効果になります。

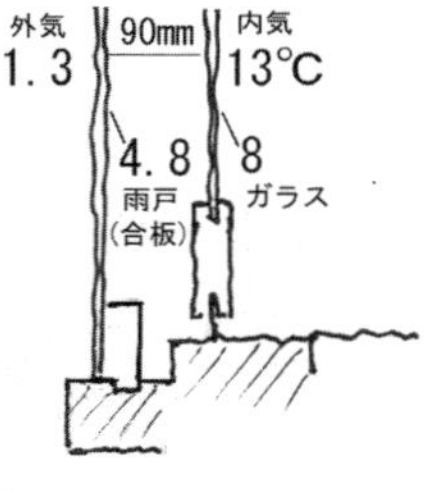

図3-61
雨戸（合板）+空気層+ガラス窓の温度分布（東京）
（2019年2月11日21:00計測）

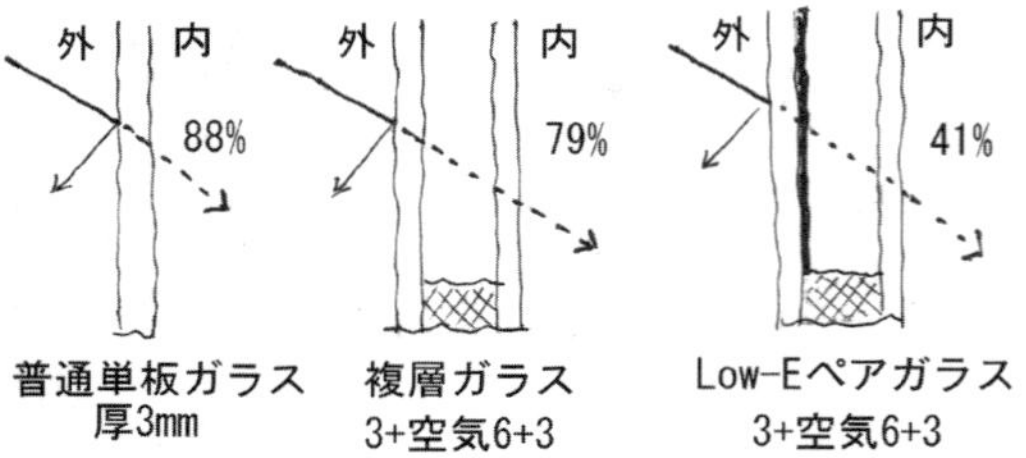

図3-60　3種のガラスの日射透過率

障子の断熱

二重サッシは断熱に効果的ですが、室内側の建具はアルミやプラスチックといった市場に出回っている既成品である必要はありません。例えば障子ではどうでしょうか。障子は木と紙でつくられていますから、アルミやガラスと違って調湿機能がありますので、外側のアルミサッシやガラス面の結露を和らげてもくれます。アルミサッシと障子の間に挟まれた空気中の水蒸気を障子の紙や木枠が吸うからなのです。二重サッシの場合、内側サッシが室内の対流熱と放射熱を遮るために、外側サッシの内面が二重でない場合より冷えてしまい、結露はかえって激しくなる場合があります。そこで室内側の建具に水蒸気を吸う材料を使うと、結露緩和につなげられるのです。

東京都練馬区に建つ木造住宅（設計：無垢里）の障子断熱の状況を図3-62で見てみましょう。外側から単板ガラス付アルミサッシ＋空気層50ミリメートル＋障子になります。障子面とガラス面の温度差3.3℃が空気層断熱によるものです。紙の断熱は厚さが薄く、無いようなものですが、空気を挟むことでこのような性能が生まれます。

障子は目隠しにもなりますので、カーテンをとりやめた費用を充てられます。紙を透過してきた光は絶妙なやわらかさを醸します（図3-63～3-67）。組子を外側にしてシルエットが醸し出す空間をつくることもできます。断熱・調湿・目隠し・結露防止の一石四鳥を狙えるのも面白いところです。

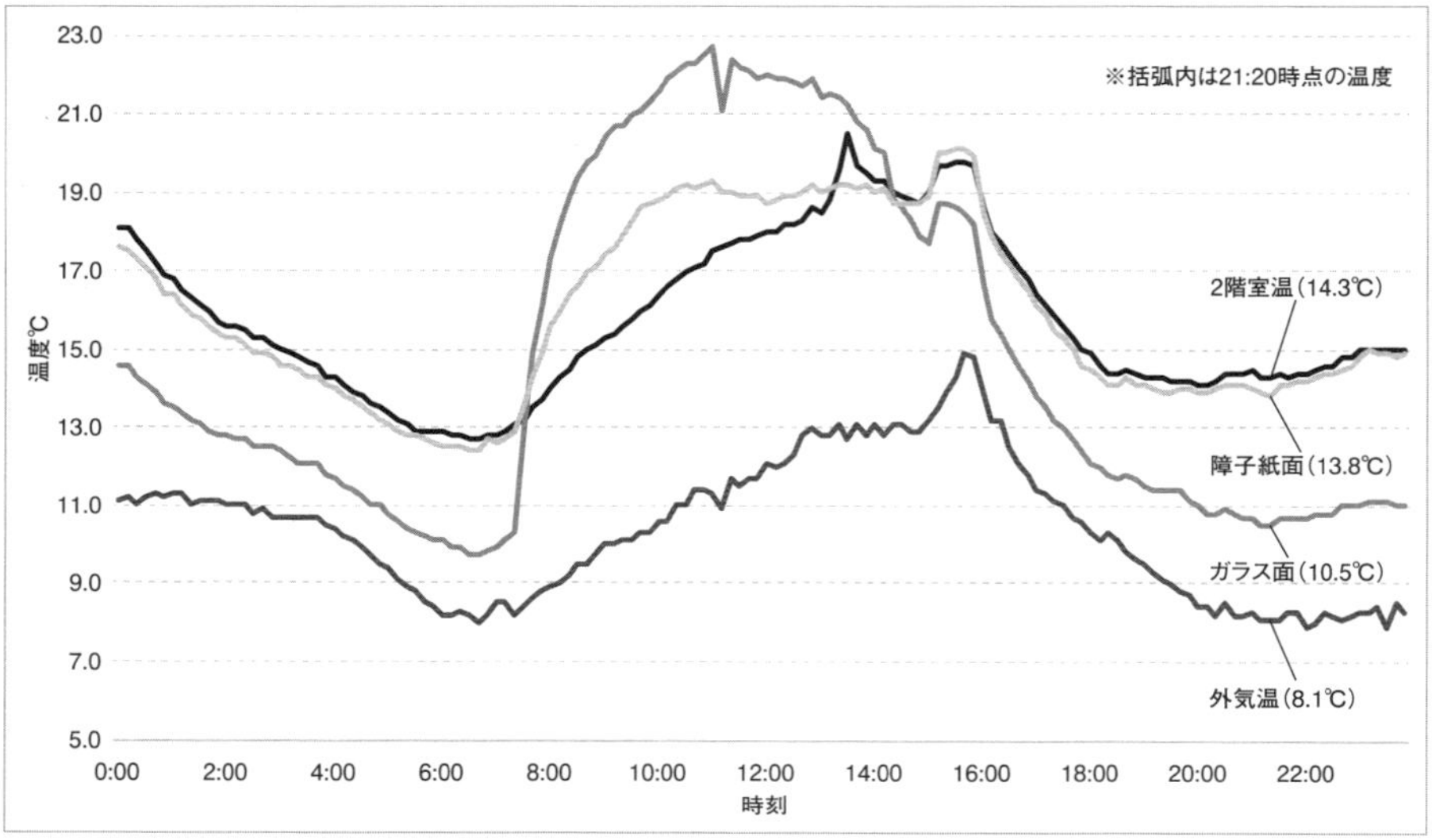

図3-62 平和台の家(東京都練馬区/設計:無垢里) ガラス+空気+障子の温度分布(2008年2月27日計測)

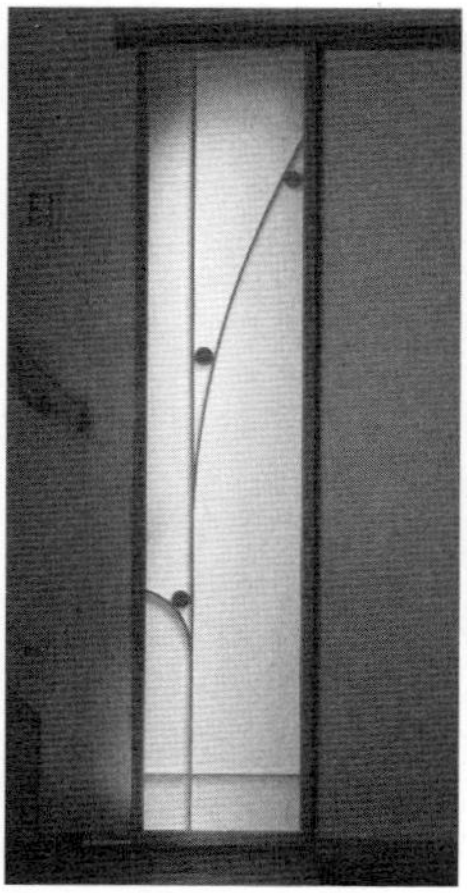

右/図3-63 平和台の家2階
中/図3-64 王禅寺の家(設計:無垢里)
障子には目隠しでありながら外の気配を感じる絶妙な技がある。
左/図3-65 雑司が谷の家(設計:無垢里) 障子組子をシルエットで楽しむ。

図3-67 雑司が谷の家
障子を通す光は柔らかい。

図3-66 東伏見の家(設計:無垢里)

第4章
自然と共存する設計術：調湿

富山県 相倉集落

『むくり』No73より

急勾配屋根で切妻形式の民家を合掌造りと呼び、ここの他に同県の菅沼集落、岐阜県の白川郷が現存する。これらの集落は白山を源とする庄川流域に点在する。急勾配屋根は養蚕の絡みが深くあったとみられるが夏の遮熱、冬の受熱にも有利に働く。茅はユイ（結）やコーリャク（合力）と呼ばれる村の共同組織で葺き替えていた。

1 結露は現代病 ―結露のメカニズムを知る―

好まれない結露

結露は夏も冬も身近に起きています。夏の冷えた瓶の表面や冬のアルミサッシ金属部やガラス面につく水滴が結露です（図4-1、図4-2）。好まれないところにつく水滴は何とかしなければなりません。対症療法でなく根本的な原因を取り除く対策が必要です。

結露はどうして起きるのか

水蒸気をたくさん含んだ空気が冷やされると、一部が水蒸気でいられなくなって水に姿を変えて現れてくるのが結露です。

空気は温度が下がると含むことができる水蒸気量が減ります（図4-3）。夏の冷えた瓶の結露を説明しましょう。30℃ほどの空気はたくさんの水蒸気を含んでいますが、冷たい瓶や缶の近くは5℃ほどなのでわずかしか含めません。許容量を超えた水蒸気は水に姿を変えざるを得なくなって、水滴で表われてきます。これが結露です。

冬のアルミサッシ金属部も同様です。ストーブを焚いている部屋の空気は、暖かいだけでなく燃焼ガス中の水素が燃焼して水蒸気を出すために湿度が高くなります。一方、金属サッシの近傍は外の冷熱をいち早く伝えて外に近いくらいに冷やされるために、水蒸気の一部が水に姿を変えざるをえなくなって表われてきます。

結露を止めるにはどのようにすれば良い？

結露は水蒸気量の多い空気が冷やされた時に起きますから、空気中の水蒸気量を減らすか、

図4-1　夏の冷えた瓶表面の結露

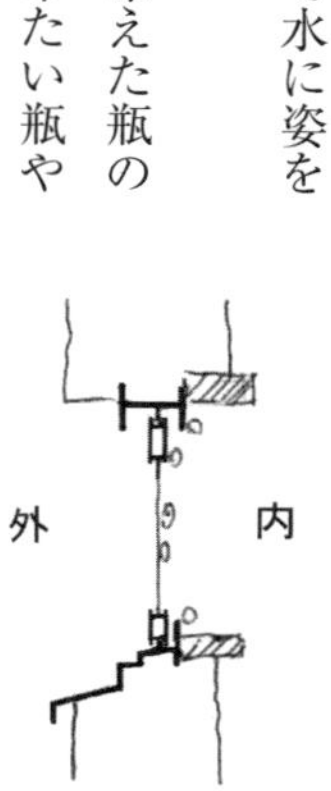

図4-2　冬のサッシやガラス面の結露

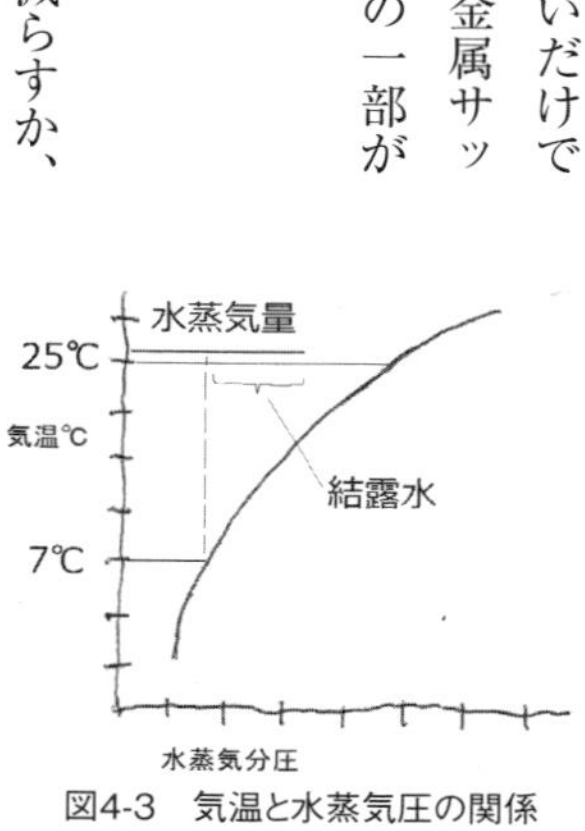

図4-3　気温と水蒸気圧の関係

冷やされないようにすることが解決につながります。

水蒸気量を減らす

一つは、水蒸気を出さない暖房方法にかえることです。ガスや灯油ストーブは燃焼ガス中の水素が燃える際に酸素と結合して水蒸気が生まれますので、燃焼型でない、エアコンや電気ストーブ、床暖房にかえると、水蒸気量を減らせます。

もう一つは、発生した水蒸気を外に出すことです。換気を盛んにすることですが、たまに窓を開けて換気するだけでも変わります。

アルミサッシの結露は高気密になってから生まれた現代病

高気密な住まいになる前は、隙間から水蒸気が外に出ていきましたので、サッシ周りの結露は起きませんでした。高気密な家では意識的に窓を開けるか、換気扇に頼らないと換気できません。しかしこの方法は結露と燃料代の間に矛盾を生み、解決の糸口が見えません。ではどうすればよいのでしょう。

この矛盾の解決に全熱交換型換気扇があります。空気は換気しながら熱は採取する優れものです。ただ、この機械を生み出し廃棄するのに資源を使い温暖化ガスを出しますから、これらを使わないで解決できるならそれに越したことはありません。そこで注目したいのが空気を暖めない放射熱です。空気を暖めていませんから、外に出ていっても大きな熱損失になりません。しかも空気温を上げないので、外との温度差が減り隙間風が和らぐのです。水蒸気は隙間から出ていき結露が起きる原因は取り除かれます。

表面温度を下げない

壁面は外気温の影響を受けて冷やされるため結露が起きやすくなります。そこで壁面温度を下げないために、断熱材を張るのが有効になります。押入れは特に対策が必要です。襖で仕切ってあっても水蒸気は隙間から中に入ってくるのに、暖房の熱は遮られますから温度は下がります。特に外に面する壁は他の壁より冷やされますので、一段と結露が起きやすくなります。

黒いシミは結露が原因

箪笥を動かしたときに壁の黒いシミを発見することがあります。押入れの外部に面する壁にも同様なことが起きます。これはカビの跡です。カビは水分が多いところに生えますので、なにかしらの水があったことになります。多くは結露です（図4-4、4-5）。

対策は、箪笥を他に移してその壁面に暖かい空気やストーブからの放射熱があたるようにしてあげることです。壁面の温度が上がり結露が減ります。

もう一つは、壁面に断熱材を設けて表面温度を上げる方法です。

窓まわりの結露を和らげるには

アルミサッシを樹脂製や木製などの断熱性の高いものに変えると、枠部の温度を上げることができ結露が和らぎます。

ガラス面は空気層を挟んだ複層ガラスに変えると、断熱性能が向上し室内側の温度が上がり結露が和らぎます。しかしアルミサッシは、ガラス面は解決できても枠の金属面の温度は低いままなので結露は改善されません。

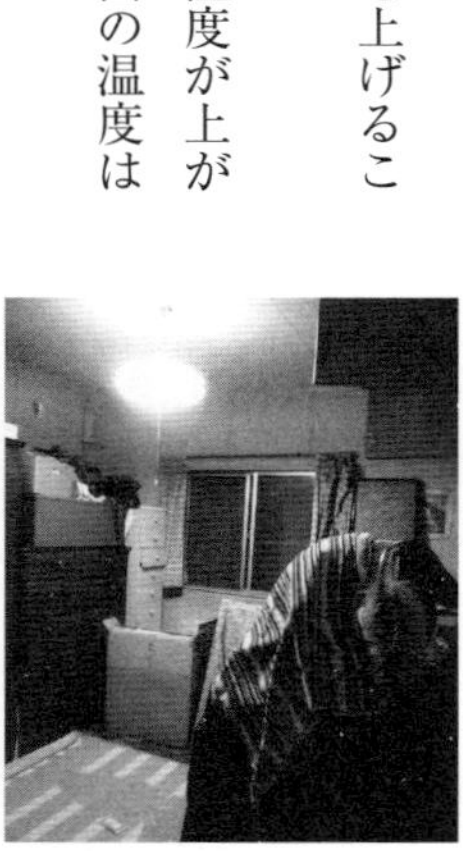

図4-5　壁・床面の結露が起きていた部屋の様子
箪笥が置かれた背面の壁に結露が起きていた。外気で冷やされた上に箪笥が温もりを遮るからである。

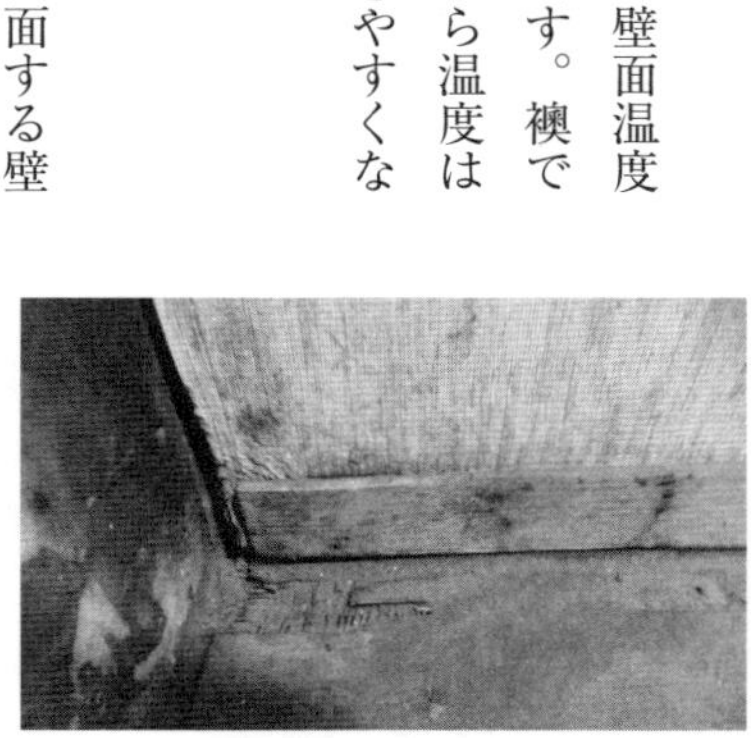

図4-4　壁・床面の結露跡
結露し水分が多いところにカビが生え、その跡が黒いシミになっている。床も結露水で湿潤になり腐朽菌が生え腐っている。

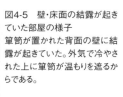

二重サッシは結露防止につながらない

では、外側のアルミサッシは残しておいて室内側にもう一つ樹脂や木製のサッシを取り付ける二重サッシ・インナーサッシはどうなるでしょうか。挟まれる空気層の厚さを最大効果で利用できるので断熱性能は上がりますが、外側のサッシ面の結露はかえってひどくなる場合があります。それは内窓が入ることで室内の熱が外側の窓面に行かなくなって、前よりもっと温度が下がるからです。

断熱＋結露緩和の二段活用

この解決には、両者に挟まれた空気層に除湿剤を入れるか内側の窓を調湿材でつくることです。市販のインナーサッシは合成樹脂が多く、これらの素材に調湿性能は全くありませんが、障子にすると木と紙が除湿をしてくれますので、断熱と結露防止の二つの効果を手に入れることができます。

既存窓の改修の場合は、既存アルミサッシ窓の木枠（額縁）を利用して障子を吊り込むことができます（図4-6）。ここに障子のための溝を掘るのは容易ではありませんが、溝の深さに相当する板を取り付けて溝の状態をつくる方法があります。付けひばたと呼ばれ、これだと容易に改修することができます。

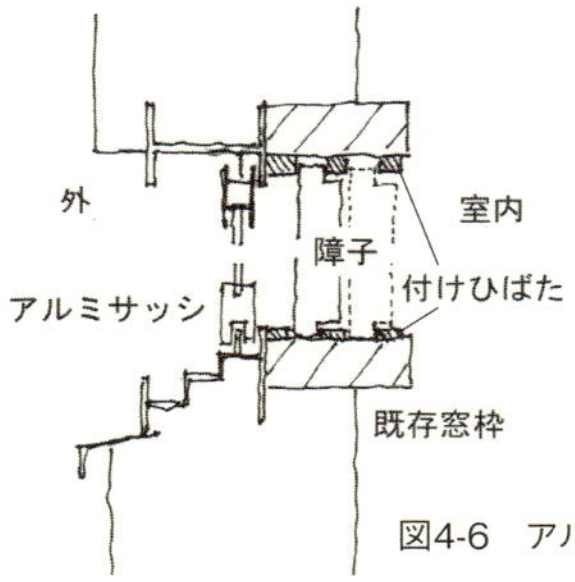

図4-6　アルミサッシの内側に障子を納めた事例

2 除湿機を使わない除湿・加湿機を使わない加湿

―調湿―

夏の高温多湿はどうして暑い

日本の夏は高温多湿と呼ばれ、高温低湿よりひときわ暑さを感じます。どうしてなのでしょう。一つは、体温を下げようと汗をかきますが湿度が高いために蒸発が盛んに起きず、体温を思うように奪ってくれないからです。もう一つは、水から水蒸気になる時にもらい受けた熱（潜熱）が空気中に大量に含まれるからなのです。

冬の低温低湿はひときわ寒い

冬は夏とは逆に空気が乾いていますので、潜熱を取り込んだ水蒸気が少ないために温もりが減ります。

潜熱と顕熱

器に入れた水を熱すると水温が上がっていきます。水という液体状態は変えずに湯温を上げるのに費やされた熱を顕熱と呼びます（図4-7）。100℃まで上がると湯温はそれ以上は上がらなくなります。熱は加えているのに湯温が上がらないのはなぜでしょう。加えた熱が湯を蒸発させるのに使われたからです。液体を気体に変えるのに費やされたこの熱を潜熱と呼びます。

水蒸気はお湯の5倍もの熱を含む

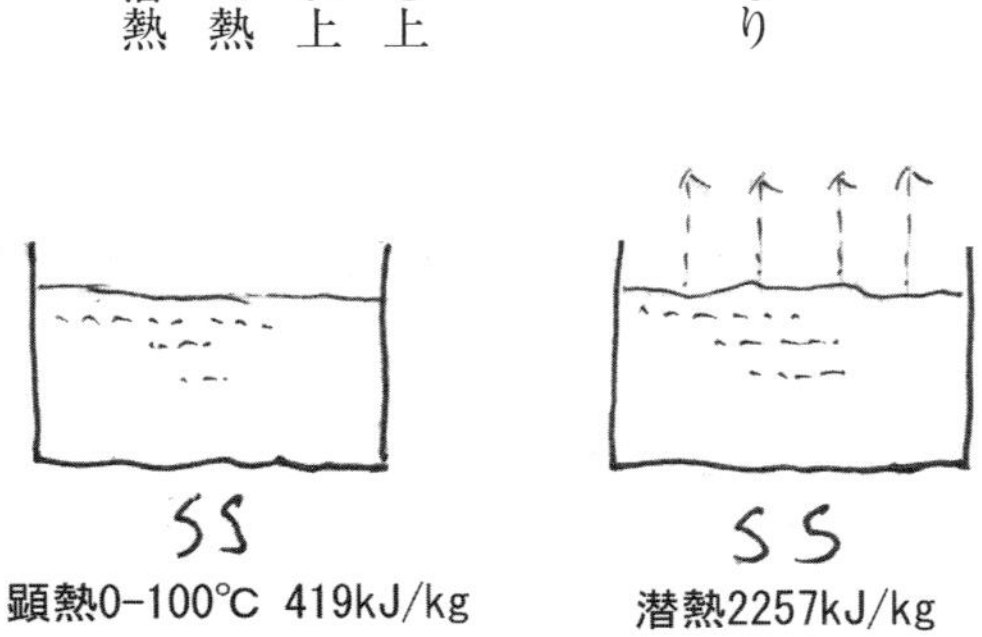

図4-7 顕熱と潜熱

1キログラムの水を0℃から100℃に上げる熱（顕熱）は419キロジュールですが、同じ重さの湯を蒸発させる熱（潜熱）は2257キロジュールになります。蒸発に費やす熱（潜熱）は湯を沸かす熱（顕熱）の5倍にもなります。ということは、水蒸気は同じ重さの水なのに100℃のお湯の5倍もの熱を保有していることになります。水蒸気が多いと室内が暖かく感じる理由はここにあります。

夏の除湿・冬の加湿が温冷感を和らげる

夏に除湿すると空気が乾いて汗の蒸発を盛んにして体温を下げてくれますが、さらに潜熱を含んだ水蒸気が減ることで、気温は下っていないのに涼しく感じることができます。

冬は加湿することで潜熱を含んだ水蒸気の温もりを多く受け取れます。空気を暖めるのとは別に水蒸気を増減することで、室内の温冷感をつくることができます。

水蒸気の温もり感を浴室で見てみましょう

木造住宅の浴室の冬の測定値を見てみましょう（図4-8）。暖房は改まってしていませんが、室温は外気温の6℃より7℃高い13℃になります。浴槽の湯温40℃の熱の影響があるとは思いますが、裸でいる部屋としては寒くてたまらない温度です。しかし実際はそのような寒さ感はありません。この温もり感は相対湿度90%の潜熱から感じ取っているとみられます。

除湿機・加湿機を使わずに調湿はできるのか

真冬にお訪ねした知人の建物（図4-9）の中は、外の寒さとは明らかに違う温もりがありました。電気ストーブで暖房しているのかと思いお聞きすると、何も暖房機は置いていな

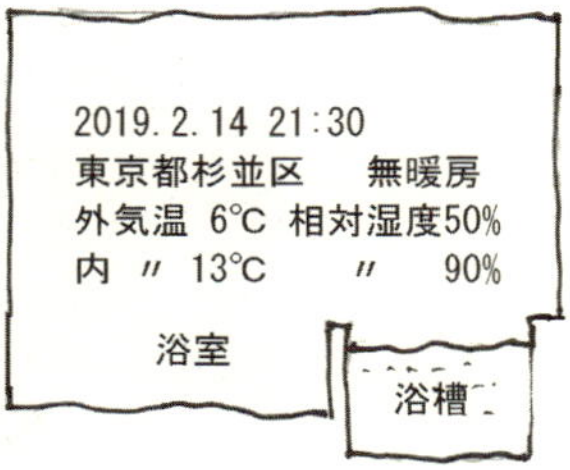

図4-8 冬の浴室の温熱実測

図4-9 知人の建物
（設計：シティ環境建築設計 高橋昌巳）

いとのこと。柱梁の構造材は現し、壁は厚さ80ミリメートルほどの小舞土壁、床は土間でしたから、内装は全て調湿材でつくられていました。水蒸気が素材から室内に放出され加湿されていたと思われます。暖めるのに暖房が全てではない事例ですが、機械を使わなくても調湿できる証でもあります。そこで民家の実態を実測によって明らかにします。

群馬県旧六合村赤岩集落湯本家

湯本家は群馬県草津温泉に近い旧六合村赤岩集落にある旧家で、主屋は江戸後期の１８０６年に土蔵造りで建てられました（図４-10）。

乾球温度と湿球温度の差から空気の湿り気を知る

湿球温度計は湿度を測るために考え出されたもので、通常の温度計（乾球温度計）の球部に水にひたしたガーゼが巻かれています（図４-11）。空気が乾いているときは蒸発が盛んなので、球部の熱が奪われ湿球温度計の目盛が下がります。空気が湿ると蒸発が少なくなり、乾球温度計の目盛に近づき両者の差が縮まります。

湯本家の夏の室内は除湿

図４-12を見てください。外気の乾球温度計と湿球温度計の温度差が、日中は大きく開いていますが明け方は同じになっています。日中両者の目盛が大きく開いているのは、蒸発が盛んに起きていることになります。明け方に温度差が無くなるのは、気温が下がって空気中に含める水蒸気量が減るために、日中の水蒸気量で目一杯になってしまい蒸発が止まるからです。

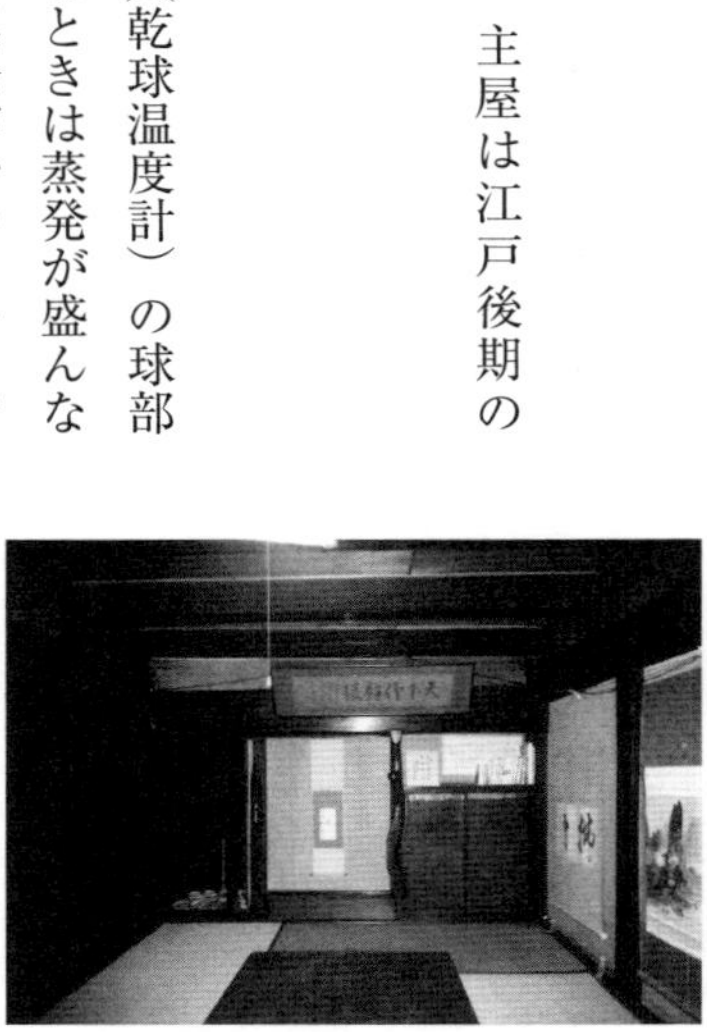

図4-10　群馬県旧六合村湯本家
2階長英の間

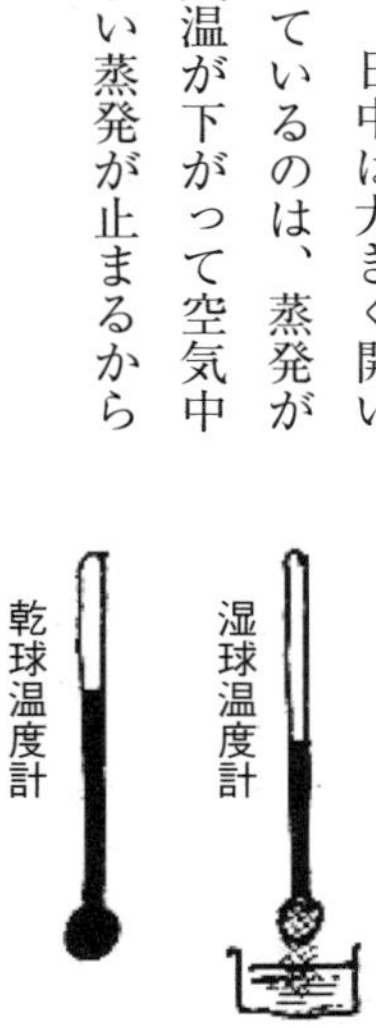

図4-11　乾球・湿球温度計

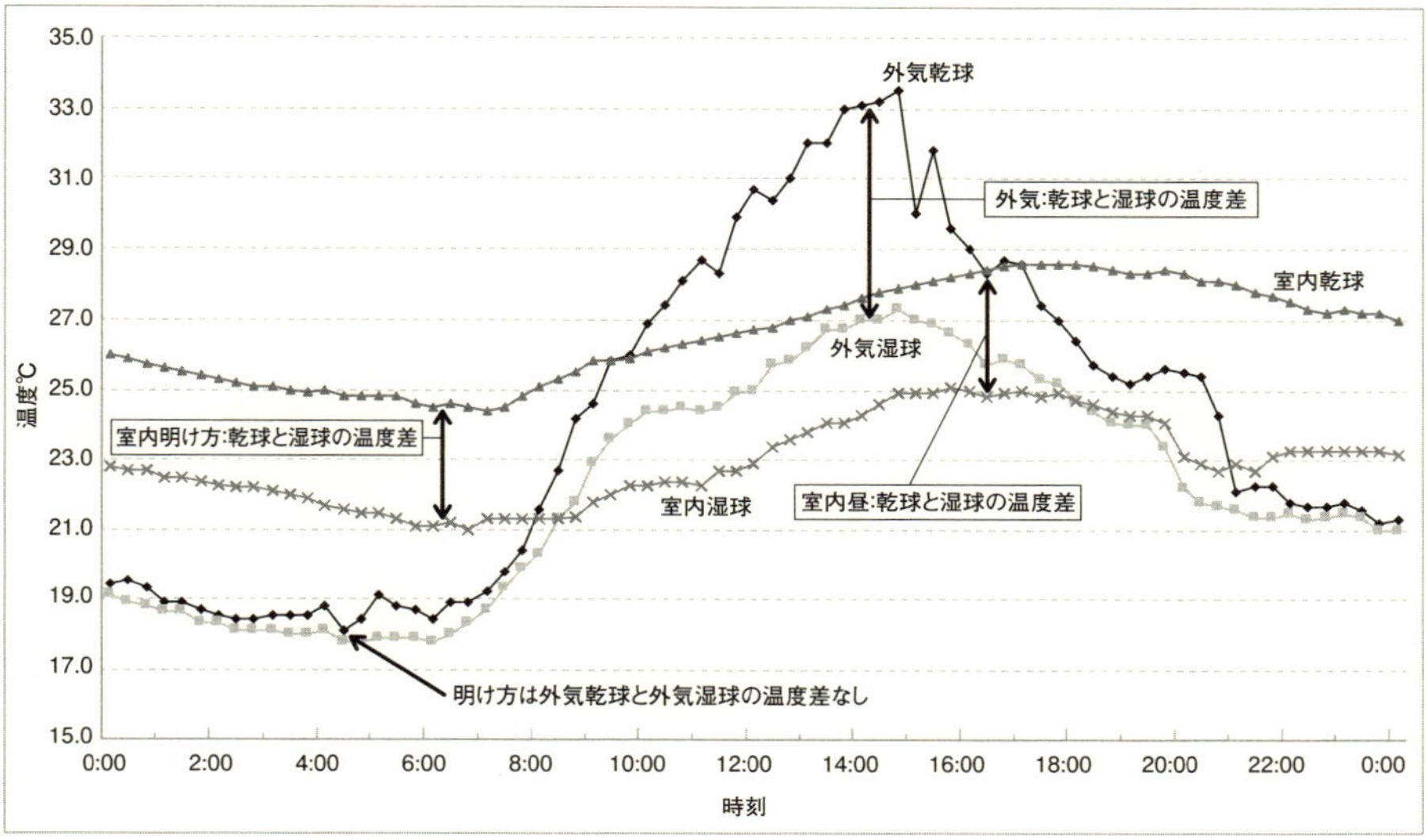

図4-12　湯本家の乾球湿球温度(2000年8月1日計測)

室内を見てみると、日中も明け方も乾球と湿球の温度差がほぼ同じです。気温が下がっても蒸発が同じように起きているのは、日中の水蒸気が除湿か換気によって減ったことによります。夜間は気温が下がるので窓を閉めていましたから換気はほとんどないので、何かによって除湿されていることになります。

そこで何が吸っているのかを確かめる実験を行いました。

素材の調湿性能を実験で確かめる（1日3回・2年間の重量測定）

素材が水や水蒸気を吸ったり吐いたりすると重さが変わりますので、木造住宅の一室に素材を置いて、1日3回・2年間に渡って重量測定を行いました。季節を2サイクルめぐりましたので、数値の精度は高いとみられます。民家に使われていた素材だけでなく、類似する現代の新建材も加え比較しました（図4-13）。

実験の結果を個々の素材ごとに図4-14、4-15に表します。横軸は空気の湿度で右側は高湿度の夏を、左側は低湿度の冬を示します。縦軸は含水率で材の重さに対する水分割合を示しますが、材の中の水分量とみてください。点が測定時の個々の状況を示します。直線がその全体の特徴を表しています。右上がりの直線ですと、空気が湿ってくると素材が水蒸気を吸って重くなり、乾いてくると吐き出して軽くなる特性を示しています。夏は空気を除湿し冬は加湿していますので、人の求める環境をつくっています。このような夏の除湿と冬の加湿を行う素材を調湿材と呼んでいます。

紙とビニールクロス

図4-14より、紙は右上がりの直線ですから調湿材になりますが、ビニールクロスは横ば

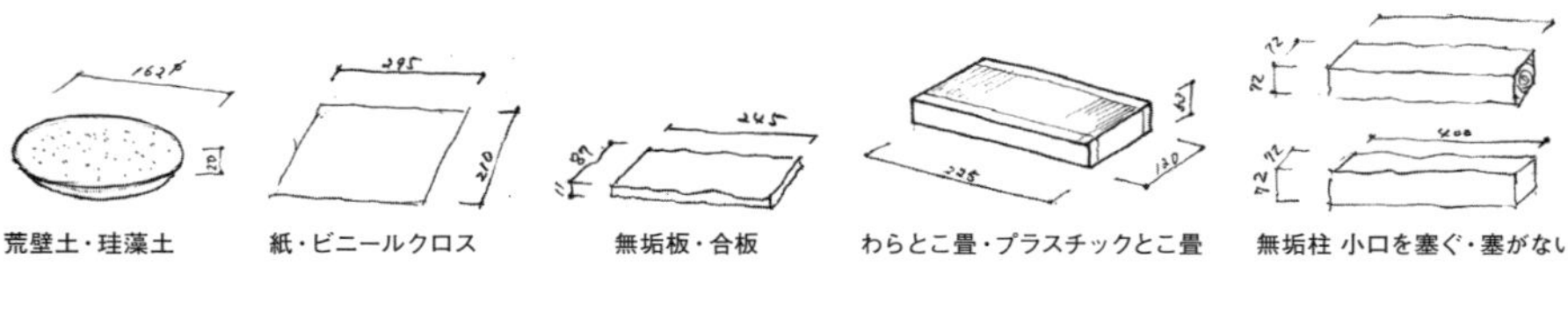

図4-13　長期24カ月調湿実験のサンプル

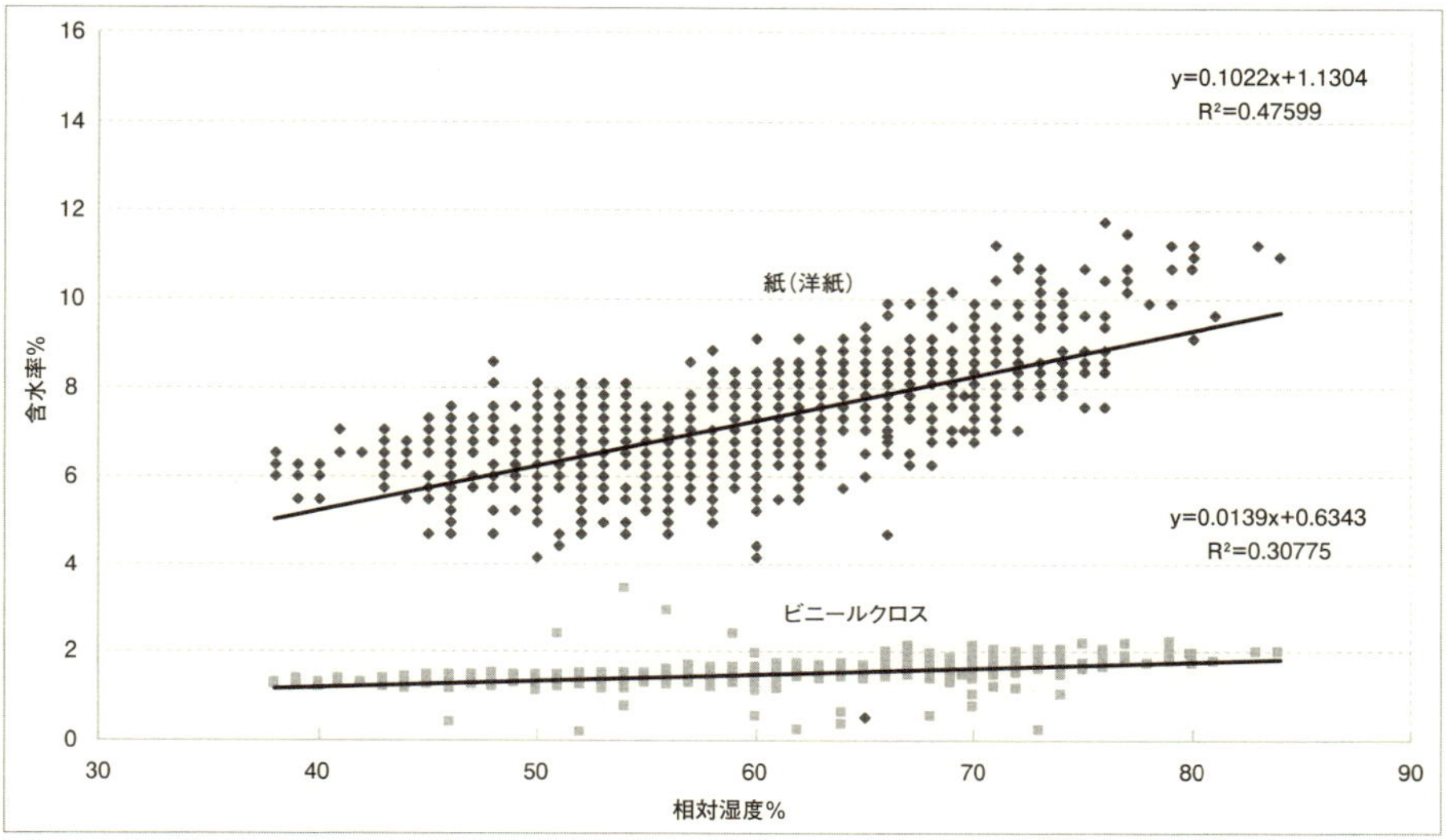

図4-14　紙・ビニールクロスの調湿特性

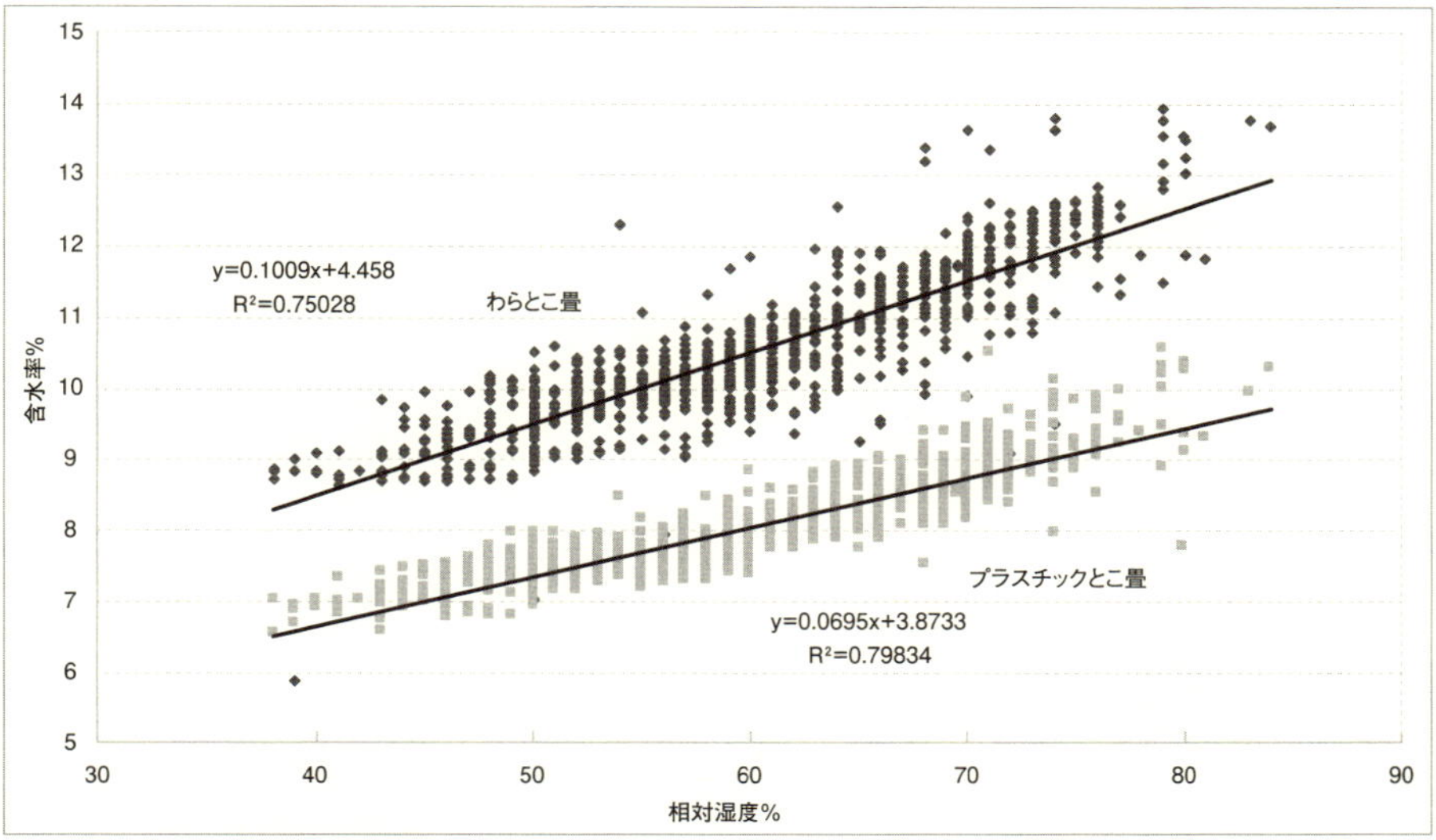

図4-15　わらとこ畳・プラスチックとこ畳の調湿特性

いですので全く調湿をしていないことになります。梅雨時に障子紙がべこべこになるのは、湿気を吸って伸びているからです。

わらとこ畳とプラスチックとこ畳

畳は藺草《いぐさ》を織り込んだ「畳表」とわらを圧縮した「とこ」で構成されています（図4-16）。近年とこにわらでなくプラスチックを使ったものが多くなりました（図4-17）。

図4-15を見ていただくと、どちらも右上がりの直線なので調湿機能を持っています。しかし調湿する水蒸気の重量に換算して比較すると、わらとこは53．6グラム、プラスチックとこは15．6グラムなので約3．5倍の差になります。この計算は、一年の中で最も吸湿した時と排湿した時の差と素材の比重量から算出しています。締め切ったまま久しく家を離れて戻ると、畳の床だけにカビが生えていることがあります。カビは湿ったところに生えますので、畳の調湿力がひときわ大きいのがわかります。

木の調湿は表面積より体積が効果的

図4-19を見てください。柱材も板材も右上がりの直線なので調湿材になります。柱材と板材を調湿する水蒸気の重量に換算すると、柱材が24．0グラム、杉板材が2．8グラムで8．57倍になります。一方体積は、柱材が２０７４立方センチメートル、杉板材が２３４立方センチメートルで8．86倍、表面積は柱材が0．１２６平方メートル、杉板材が0．０４５平方メートルで2．8倍になります。調湿量の差が表面積より体積の差に合います。木の調湿を住まいに生かそうとする時は、体積の大きい柱や梁といった構造材を現すのが効果的なのがわかります。民家が柱や梁を現していた理由の一つがここにあります（図4-18）。

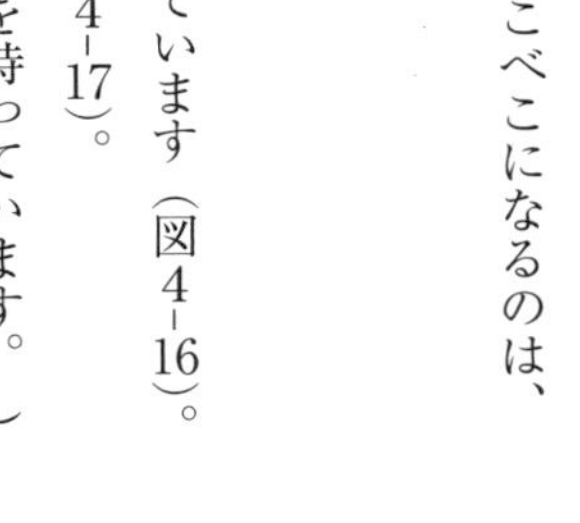

図4-16　わらとこ畳の断面

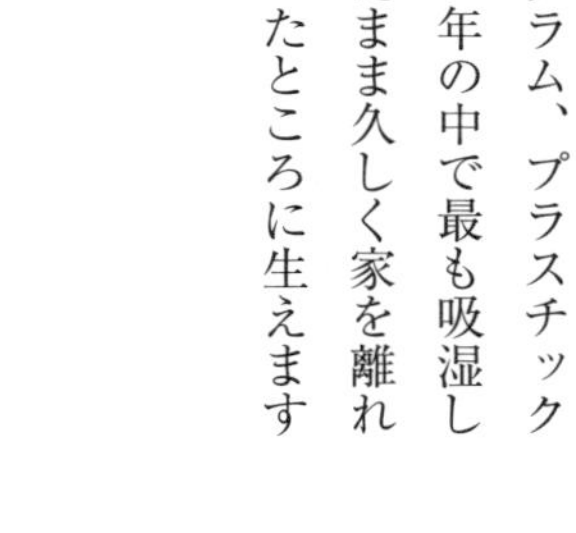

図4-17　プラスチックとこ畳の断面

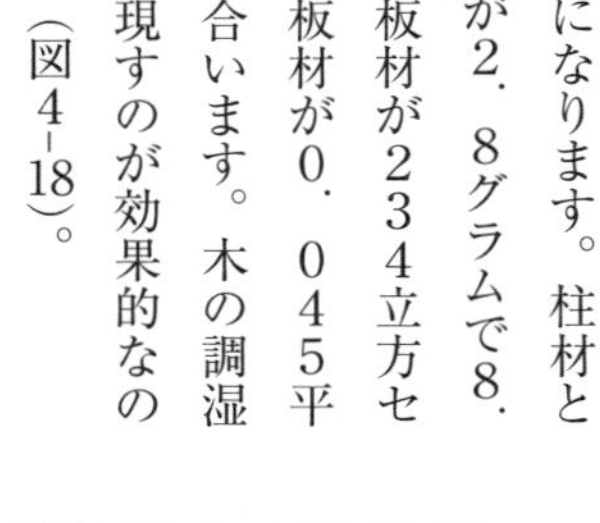

図4-18　茨城県旧土肥家本家（承応年間〈1650年代〉築）
柱や梁を現しにしている。

柱1本の調湿量に換算すると、約400ミリリットルペットボトル中瓶弱の量の水を吸排しています。1軒の家には柱が40〜50本ありますから、ペットボトル40〜50本の量になりますので、あなどれません。しかも、除湿機のような機械や消費電力を全く使わずにこれだけの水を吸排してくれるのですから、利用しない手はありません。現代の家は柱や梁をボードで覆ってしまいますから、この機能を殺しているのです。

これらの実験から、長きにわたって民家に使われてきた木・土・紙・畳といった素材は、夏は除湿、冬は加湿を行っていることがわかりました。数百年以上にわたって淘汰されることなく使い続けられてきたのは、日本の気候風土の中で調湿が不可欠で、そのために調湿材を活用しようと考えたのではないでしょうか。住まいにこのような素材を使えば、除湿機や加湿機を使わなくとも、空気中の水蒸気を立派に調整してくれるのです。

材の調湿量をペットボトル本数でとらえてみる

漠然と吸うとか吸わないといってもピンときませんので、6畳の部屋に材を施したときに吸排する水蒸気量を計算し、2リットルペットボトルの本数に換算してみました。

図4-20は床材の調湿量を比較しています。わらとこ畳はボトル4本となり他よりひときわ高いのがわかります。それでは6

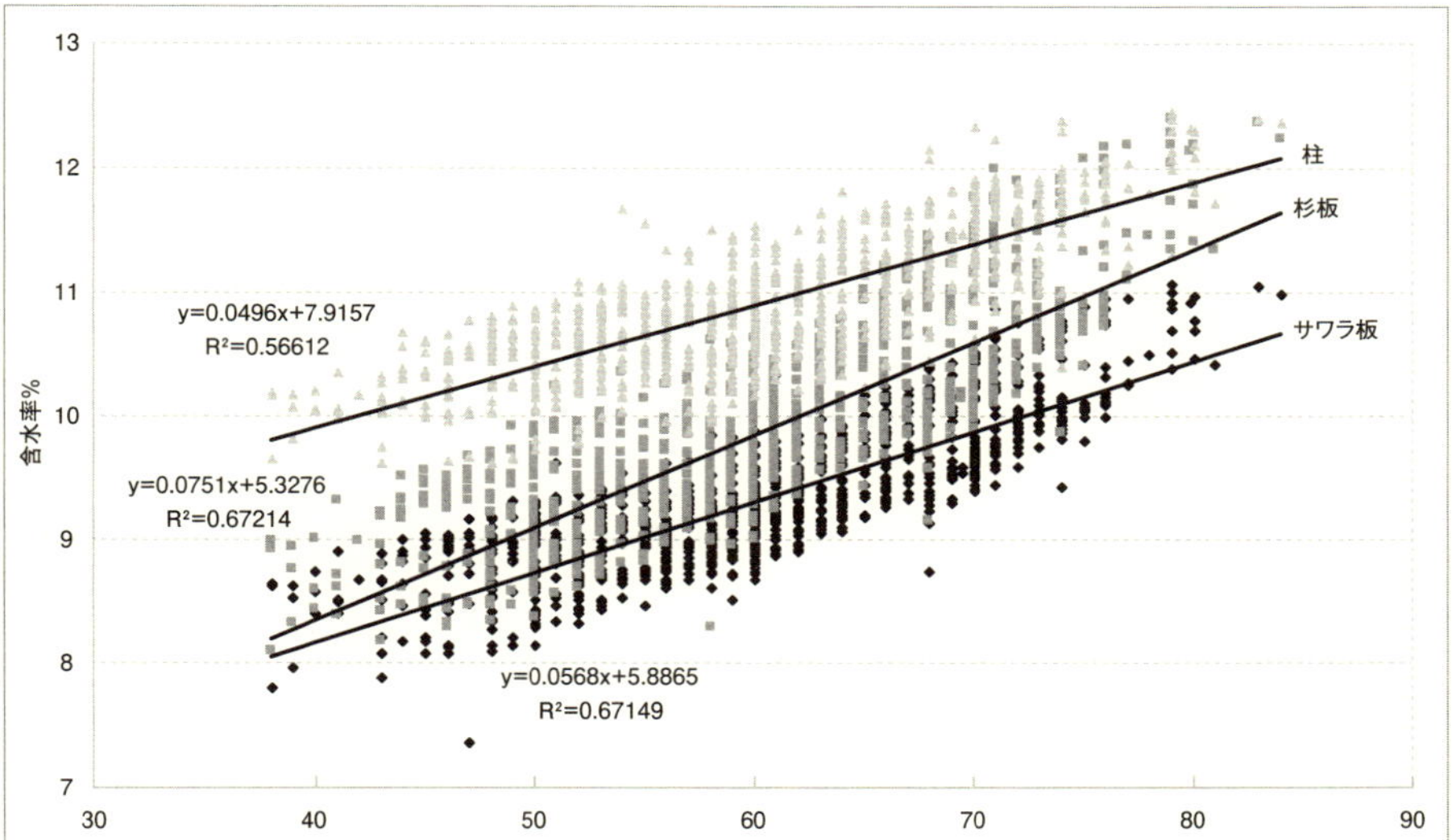

図4-19　柱材と板材の調湿特性

畳の部屋の壁床を調湿材でつくったら合計でどのくらいになるでしょう。図4-21のように約12本になります。12本並べた姿を想像してみてください。半端な量で無いことがわかっていただけると思います。こうなると、除湿機や加湿機に頼らなくても調湿材だけで立派に機能してくれることがおわかりいただけると思います。しかも機械をつくる資源の消費は無くなり、電気代は1円もかけないで済むのです。

民家が柱や梁を現していた理由その2

民家を見ると骨組のほとんどが現されています（図4-22）。その理由の一つが調湿にあったことはすでに触れましたが、実はもう一つ大きな意味がありました。民家は、ひとたび建てたら200～300年は持たすくらいの思いで建てていたと思われます。そのためには、その間に来る大地震の影響や雨漏りやそこからくる腐りなどに随時対応していかないとなりません。これらに最も適切に対応するには、損傷が発見できないと話になりませんから、主要な骨組みは見えるようにしていたのです。見えれば放っておけないのが人の常でしょうから、適切な処置が施され、結果として築200～300年の民家がめずらしくない状況がつくられたとみられます。

間一髪で命が守られた現代の事例

現代の住宅の改修で天井をとったところ、柱と梁の組み物が木材の収縮から外れかけていたのが発見されました（図4-23）。そこでこの組み物を抜本的に治すだけでなく、天井をとったままの空間にしました。天井が高くなり空間が豊かになりましたが、何よりも今後見舞われる大地震から身を守ることができました。何か起きたら容易に発見できるようにもなりま

6畳調湿材合計	柱105角現し6本	小舞土壁	わらとこ畳床	障子6本	計
6畳調湿量（g）	2,148	12,544	8,680	25	23,397
2Lペットボトル換算本数	1.1	6.3	4.3	0.01	11.7

図4-21　6畳の部屋の壁床を調湿材にした時の調湿量

床材	わらとこ畳	プラスチックとこ畳	ござ	杉板
6畳床調湿量（g）	8,680	2,426	764	1,888
2Lペットボトル換算本数	4.3	1.2	0.4	0.9

図4-20　6畳の部屋の床材の調湿量

した。

調湿材で構成した現代の住まい

国分寺の家（設計：無垢里）は、半地階を鉄筋コンクリート、1・2階を木造でつくり、壁は小舞土壁にしています（図4-24〜4-27）。室内壁は小舞土壁の上に漆喰を塗り、最上階の天井は厚45ミリメートルの屋根板（野地板）の裏を現し、床は厚15ミリメートルの無垢板と畳にしています。柱梁の構造材は現しています。家全体に調湿効果を高める手立てをとっています。

乾球と湿球温度計を使って室内の調湿状態を表したのが図4-28になります。日中の外気は乾球と湿球に温度差がありますが、明け方はありません。しかし室内は夜間になっても両者に温度差が生まれています。気温が下がり蒸発が抑えられるはずなのにそうならないのは、室内の素材が水蒸気を吸っている証になります。

図4-23　代官山の家（改修設計:無垢里）
木材が収縮して梁が柱に数mmしかかかっていなかった（右）。大地震で外れると2階が下にくずれ落ちてくるので、絡む柱と梁を取り換え、金物でなく木の凸凹で組む伝統構法の仕口に替えた（中、左）。

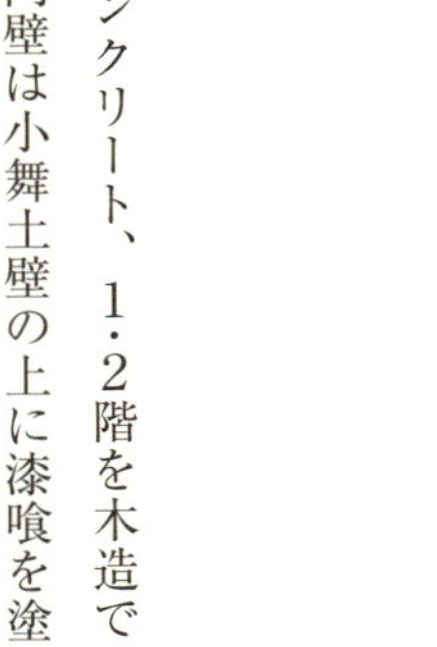

図4-22
茨城県旧土肥家本家土間上部

右／図4-24　国分寺の家（設計:無垢里）　外観
左／図4-25　国分寺の家　室内（中2階）

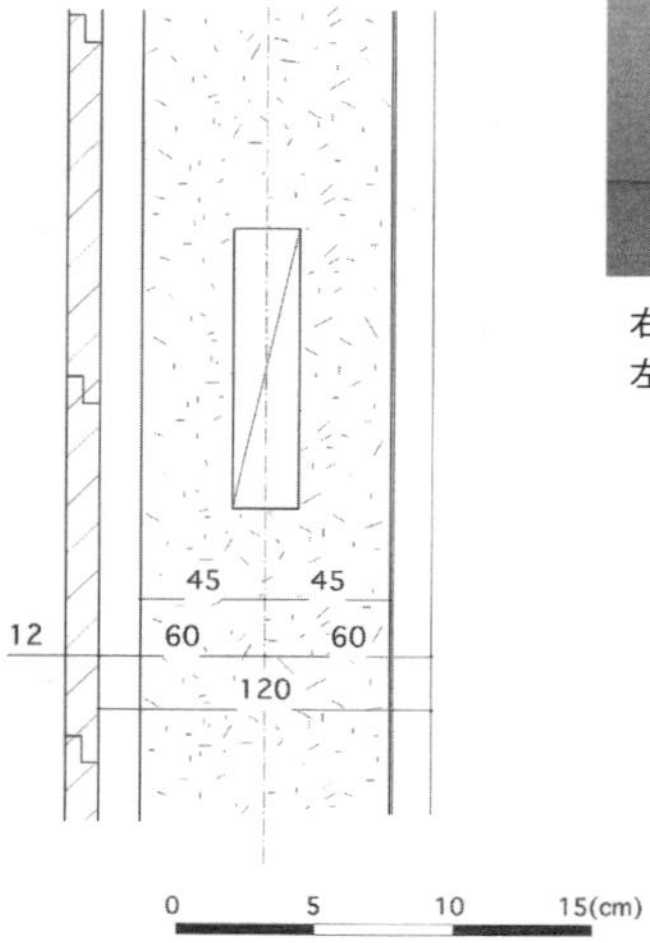

図4-27　国分寺の家　壁断面

図4-26　国分寺の家　室内（地階・1階）

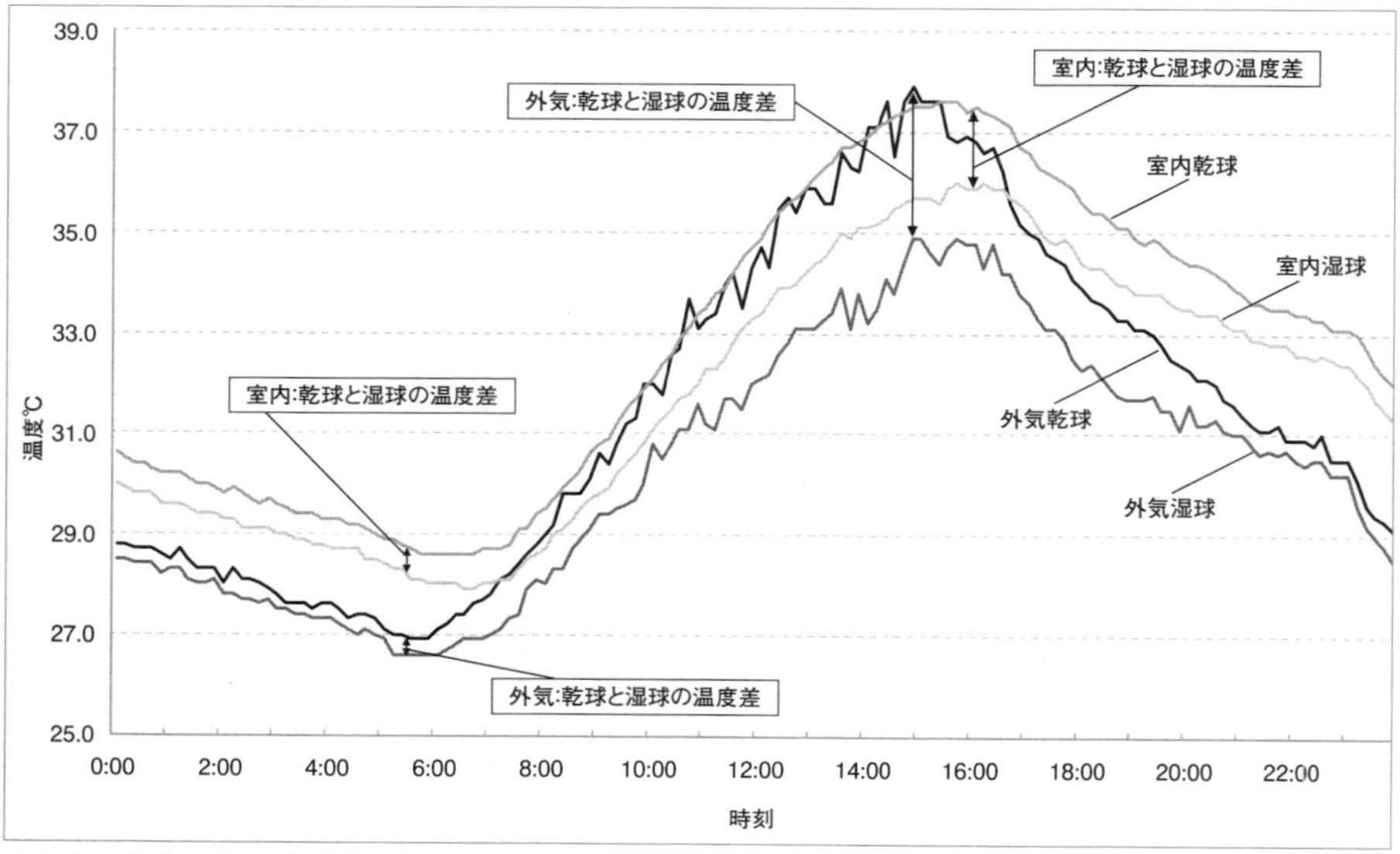

図4-28　国分寺の家の調湿特性（2006年8月20日計測）

第5章
自然と共存する設計術：蓄熱

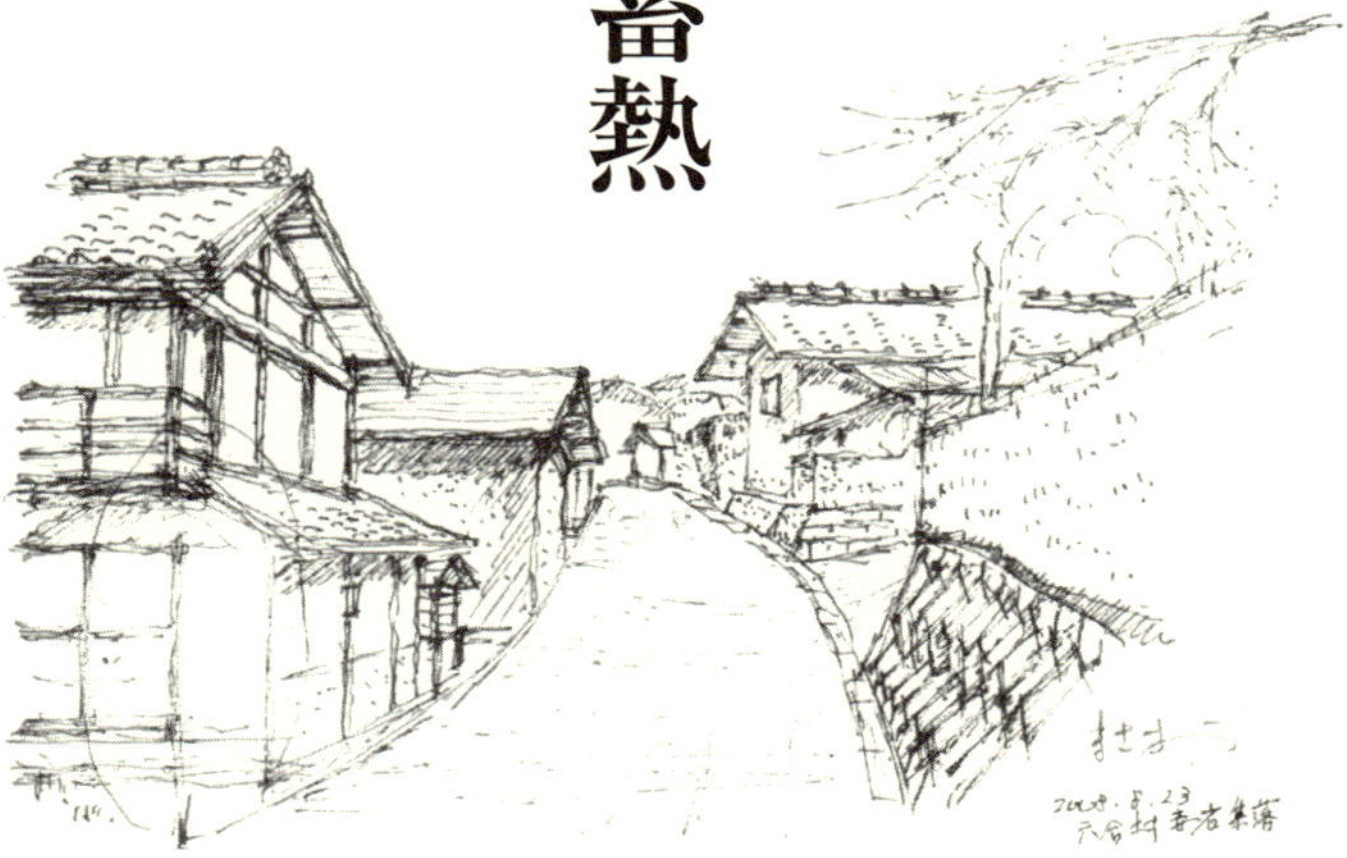

群馬県 旧六合村赤岩集落

『むくり』No67より

群馬県北東部で長野県との県境に位置する。江戸期から養蚕が盛んで、その通風のために屋根上に小屋根（ヤグラ）を載せている。幕末(1803年)の大火で多くが焼けるが土蔵は残り、その耐火性が見直される。本書で取り上げる湯本家は土蔵造りで建て直された。先人は耐火の他に調湿・西日遮熱・蓄熱・遮音などの効果を同時に手に入れていた。

1　断熱材を使わずに西日を遮熱する ―蓄熱体の遮熱効果―

西日はあなどれない

夏の西日はひときわ暑く感じます。その理由は二つあります。一つは気温が最も暑い時間帯に受ける日射だからです。一方の東日は、気温が低い朝に受ける日射です。

もう一つは、太陽の日射と受熱面（壁面や身体面）との間にできる角度が90度に近いため、最大受熱するからです（図5-1）。正午前後はこの角度が10度くらいなので、受け取る熱量はわずかになります。

西日が当たる壁面は50℃くらいになります。その時の空気温30℃との差20℃は空気を暖めない熱エネルギー（放射熱）によるものなのです。空気を暖める熱エネルギーなら気温が50℃になるはずです。この熱に手を打たないと快適な夏を過ごすことはできませんから、その効果的な対策は放射熱を遮ることであって、空気温を断熱することではないのです。

民家は断熱材を使わずに西日を遮熱していた

エアコンの無かった時代の民家はどうしていたのでしょう。改まった西日遮熱をしていませんでした。しかし、耐火など別の目的で使用した小舞土壁を西日遮熱にも利用していたのです。土壁の蓄熱性能を西日遮熱にも応用していました。断熱材でも遮蔽物でもない手法です。

旧六合村赤岩集落湯本家主屋の事例（１８０６年築）

群馬県のこの民家は、約２００ミリメートル厚の土壁でつくられた土蔵造りの診療所併用

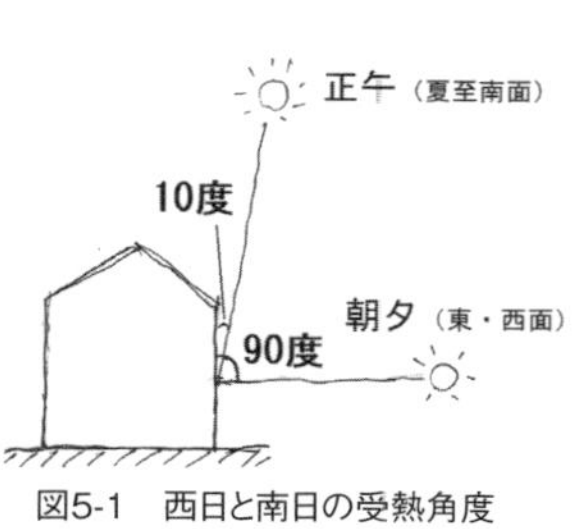

図5-1　西日と南日の受熱角度

図5-2　湯本家の西面（1806年築）

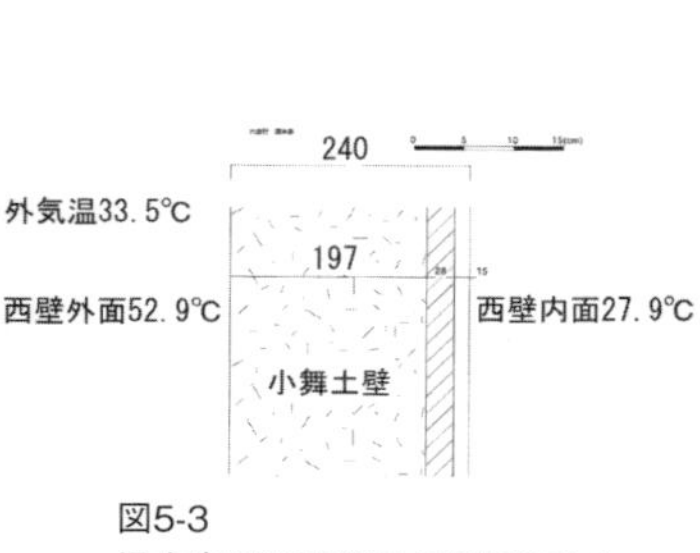

図5-3
湯本家の西壁断面・西日温度分布

住宅です（図5-2）。図5-3、5-4の通り、西日が当たる午後3時ごろは壁面が53℃にまで上がります。外気温33℃との間に生まれる約20℃の温度差は日射（放射熱）によるものです。

このような強烈な日射を受ける土壁の室内側壁面温度を見ると、外気温より5℃低いのです。クーラーを使わずに外気温より下がるだけでも驚きですが、西日が当たる時の急激な温度上昇が室内側に全く影響していないのです。西日が完全にカットされています。

西壁に50℃を超えるような日射が一時的にあたりますが、壁の蓄熱量が大きいために、壁が温まる前に陽が沈んでしまい、結果的に遮熱になるのです。これは蓄熱による効果であって、空気温を断熱する断熱材ではできないのです。

断熱型住宅と蓄熱型住宅の西日遮熱を比較する

現代、多くの住宅は断熱をしっかり施しますが、蓄熱性能は全くありません。西日遮熱にどのような効果をあげているかを、断熱主体と蓄熱主体の両建物で比較してみましょう。

蓄熱型住宅の西日遮熱

蓄熱型住宅は東京都国分寺に建つ家（設計：無垢里）です（図5-5、5-6）。厚さ90ミリメートルの小舞土壁に、外側は空気層を挟んで板が張られています（図5-7）。室内側は土壁の上に漆喰が

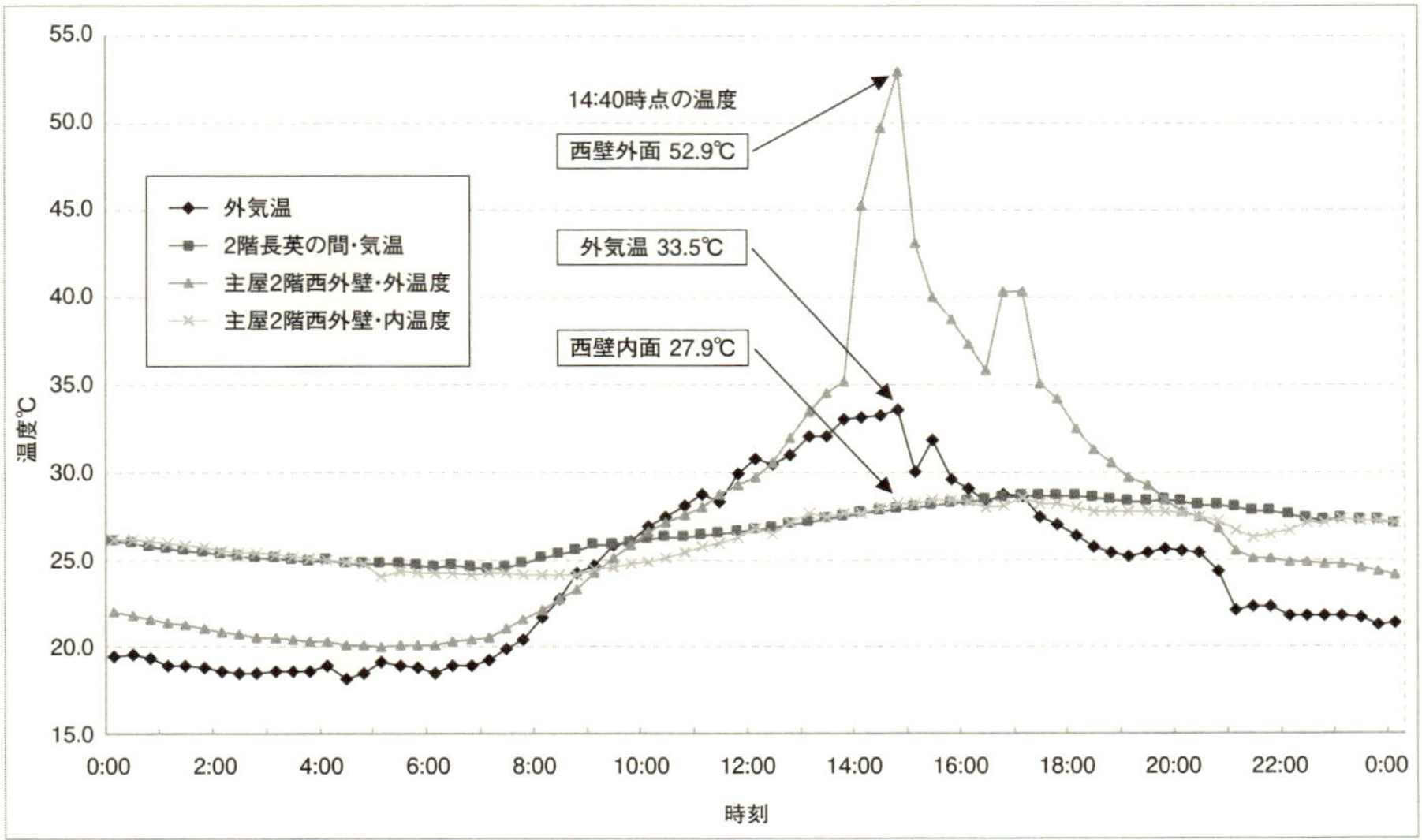

図5-4　湯本家西壁面の温度分布（2000年8月1日計測）

塗られています。

図5-8を見ていただくと、西壁外面が50℃近くまで上がりますが、室内壁面は35℃で上げ止まっています。しかも外気温より4℃ほど低い室内壁面がつくられています。西日の急激な温度変化を遮熱するだけでなく、室内壁面からの冷放射が出ていますので、空気温とは別の涼しさを感じることになります。

断熱型住宅の西日遮熱

断熱型住宅は神奈川県葉山に建つ家（設計：無垢里）です（図5-9）。断熱材を壁内に入れた現代に多く見る住宅です。

外壁は室内側から石膏ボード＋断熱材＋通気層＋ダイライト＋木板厚15ミリメートルとなります（図5-10）。図5-11を見てみましょう。西壁の室内側温度が外気温より上がっています。蓄熱型は断熱材を全く使わずに外気温より低くなりますから、断熱材より蓄熱材の方が西日遮熱には効果を上げているのがわかります。

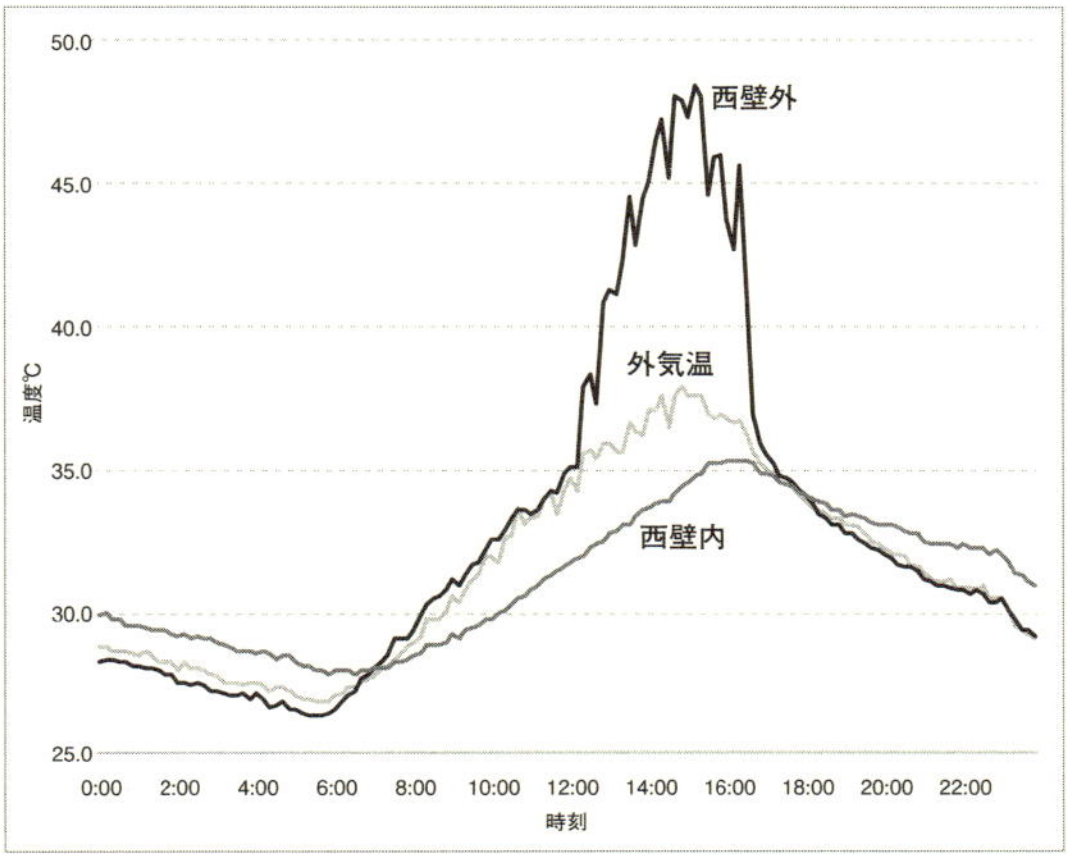

図5-8　蓄熱型西壁の温度分布（国分寺の家、2008年8月20日計測）

図5-5　国分寺の家（設計:無垢里）　外観

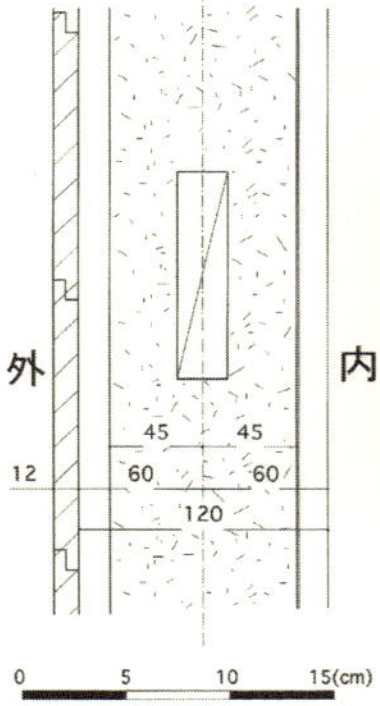

図5-6
国分寺の家　内観

図5-7　国分寺の家　外壁断面詳細

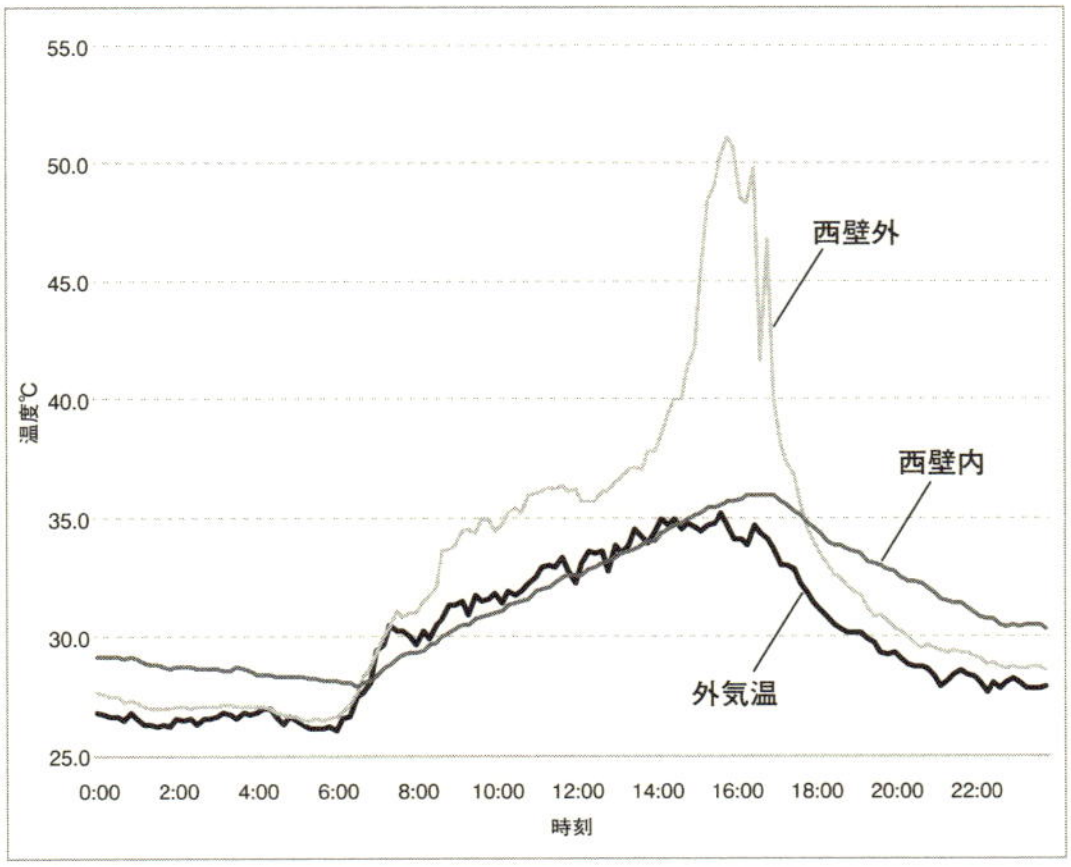

図5-11　断熱型西壁の温度分布（葉山の家、2010年8月18日計測）

図5-9
葉山の家（設計:無垢里）
外観

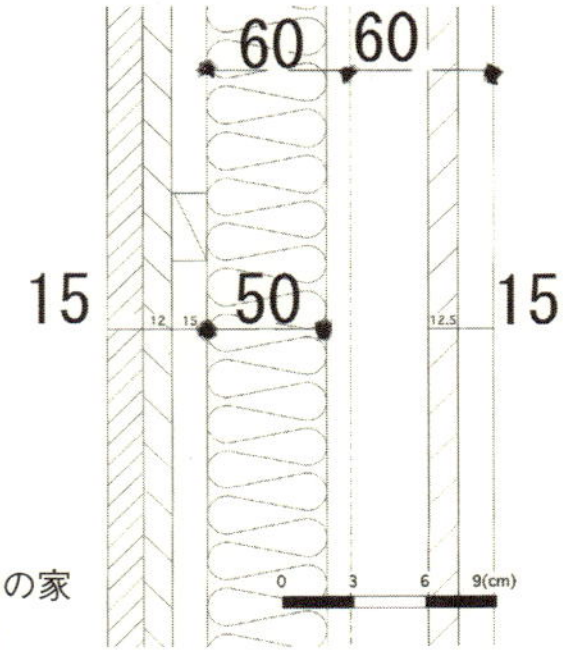

図5-10　葉山の家
外壁断面詳細

2 夏、夜の冷気を日中に利用する ―夏の蓄熱効果―

熱を運ぶ

多くの民家で何百年にもわたって小舞土壁が使われ続けてきた理由はどこにあるのでしょう。調湿はその筆頭ですが、その次に蓄熱性能の活用があります。蓄熱の活用法は四つ挙げることができます。その一つが西日遮熱でした。二つ目は夏の夜間冷熱を日中に利用する、三つ目は冬の日中温熱を夜間に利用する、四つ目は夏の冷熱を冬に、冬の冷熱を夏に利用する事でした。

蓄熱量は温まりにくくかつ重い材ほど大きい

蓄熱量（kJ/m^{3}K）の大小は熱容量（J/K）で表されます。熱容量は比熱（kJ/kgK）が大きくかつ質量（kg）が大きいほど大きくなります。比熱は温まりにくさ／冷めにくさを示し、数字が大きいものほど温まる／冷めるのに時間がかかります。質量は重さに該当する要素で、蓄熱量の大きいものとは温まりにくくかつ重いものです。石・コンクリート・土・水などが該当します。

24時間風呂の燃料代は毎日沸かす風呂とあまり変わらない

いつでも入れるのだからさぞかし燃料代がかかるのではと思いがちですが、両者にほとんど差が出ません。それは水の蓄熱力の大きさを利用しているからなのです。蓄熱量が大きい材は温めるまでは時間がかかりますが、一度温めてしまうと冷めにくいので温度を維持するのにわずかな熱補給で済みます。石焼き芋屋さんが薪をたまにしかくべていないのは、一度温めた石は冷めにくいのでわずかな燃料補給で足りるからです。畜熱材は間欠運転の間隔を長くすることができますので、常時一定の温度を保っているにも関わらず燃料代は安くてすみます（図5-12）。

夏の夜間冷熱を日中へ運ぶ

住まいに土・石・コンクリートといった熱容量の大きい材を使うなら、蓄熱の効果が利用できます。夏の夜は外気が18℃くらいに下がりますので、この冷熱を蓄熱材に蓄え日中に利用することが可能になるのです。機械や電気を使うことなく夜間から日中へ冷熱を運ぶことができますから、熱の有効利用ができるのです。

特に土壁は、蓄熱だけでなく調湿・耐火・遮音・断熱・耐震（粘り）・省資源・リサイクルといったいくつもの効果を兼ね備えており、少ない費用で多くの効果を一挙に手に入れられます。民家はこの蓄熱と他の効果を巧みに併用しながら、夏の日中の涼しさを手に入れていました。

日較差（一日の最高と最低の温度差）が小さいほど蓄熱効果が大

群馬県旧六合村赤岩集落湯本家土蔵の実測値から蓄熱の状況を見てみましょう。土蔵は人の生活も無く冷暖房も全くない蓄熱型の建物なので、その特徴を素直に見ることができます。

図5-13を見てください。外気の日較差（最高と最低の温度差）が15℃なのに室内は3℃で、きわめて小さくなります。ほぼ一日中一定温度といっても良いくらいです。どうしてこのような現象が生まれるのでしょう。それは、夜間の冷えた外気で土壁が冷やされ、その冷熱が日中まで持続するからです。夜間の冷熱を日中に運んでいるのです。外気温と室温の線で挟

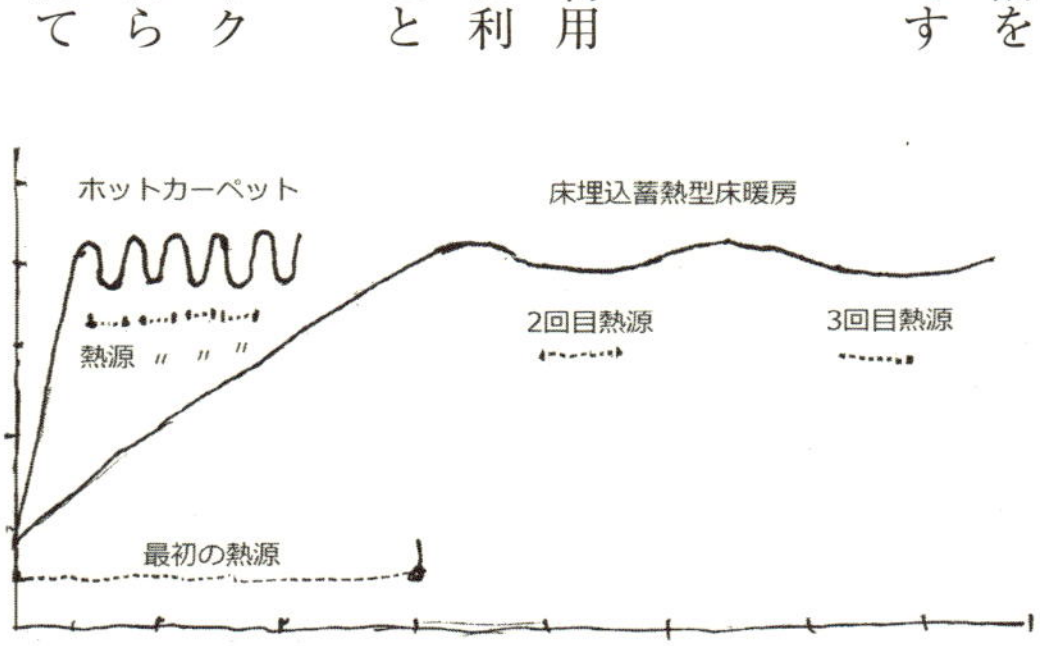

図5-12　即効型と蓄熱型床暖房の燃費概念図

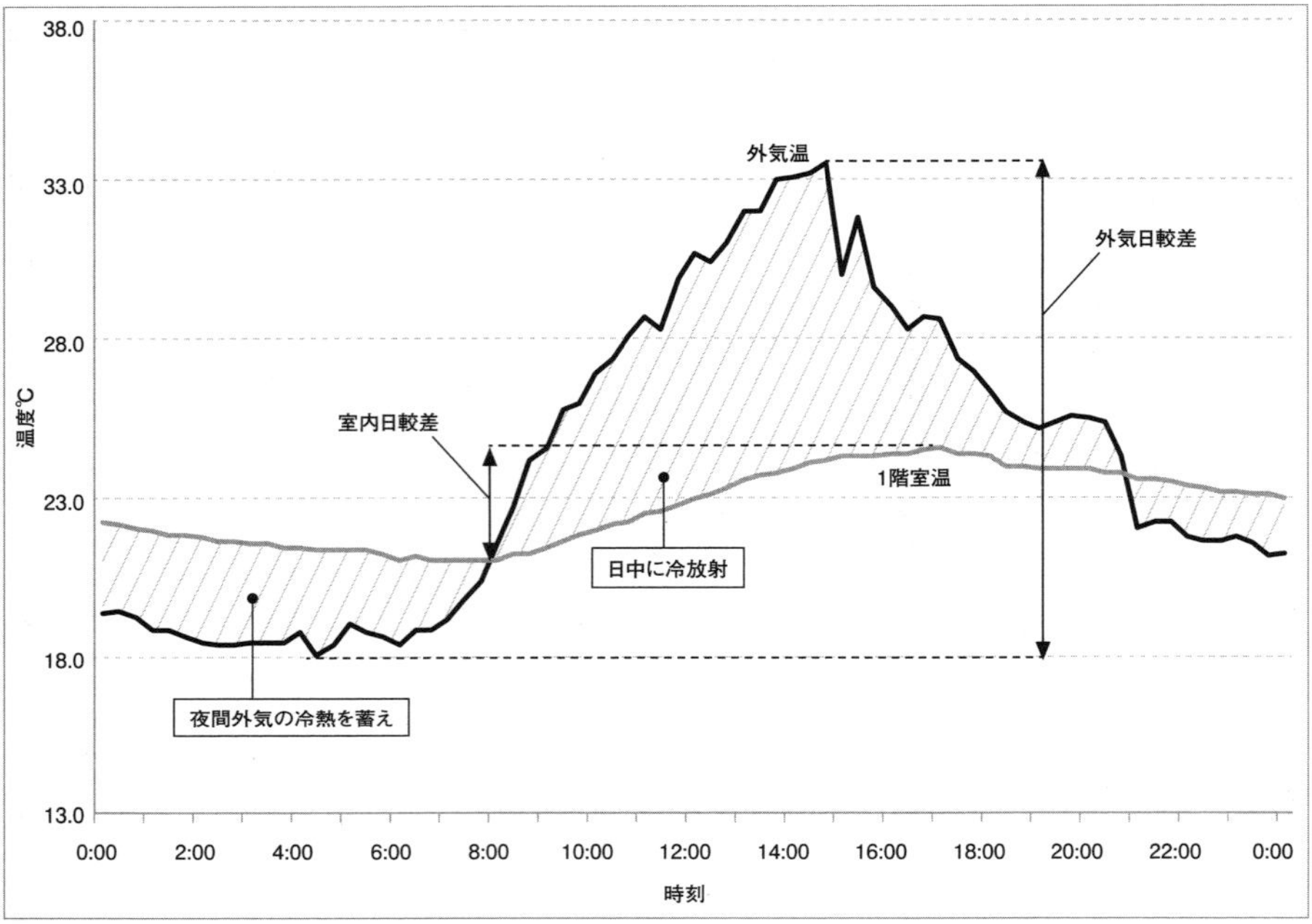

図5-13　湯本家土蔵の温熱分布（2000年8月1日計測）

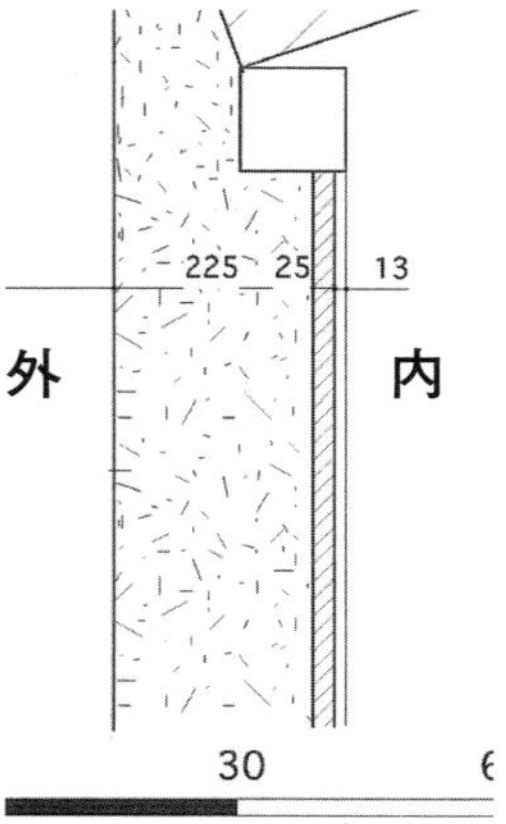

図5-14　湯本家土蔵 壁詳細

まれた斜線部分の面積が、夜間に蓄えた熱量と日中に放出した熱量と見ることができます。各々がほぼ同じ面積ですから、夜間から日中に熱を見事に運んでいる様子が見られます。これらの効果は厚さ200ミリメートルほどの土壁の蓄熱特性がもたらしたもので、断熱材では生み出せません（図5-14）。土壁の蓄熱性を利用し、夜間の涼しさを日中に利用する熱の有効利用が図られています。

一般的な小舞土壁民家の夏の蓄熱

住居の事例も見てみましょう。新潟県十日町市当間集落の佐藤光男家についてご紹介します（図5-15、5-16）。実測グラフ（図5-17）を見てください。日較差は、土蔵ほどではありませんが明らかに室内が外気より小さくなるので、夜間冷熱を日中に運んでいるのがわかります。

図5-15　佐藤光男家外観

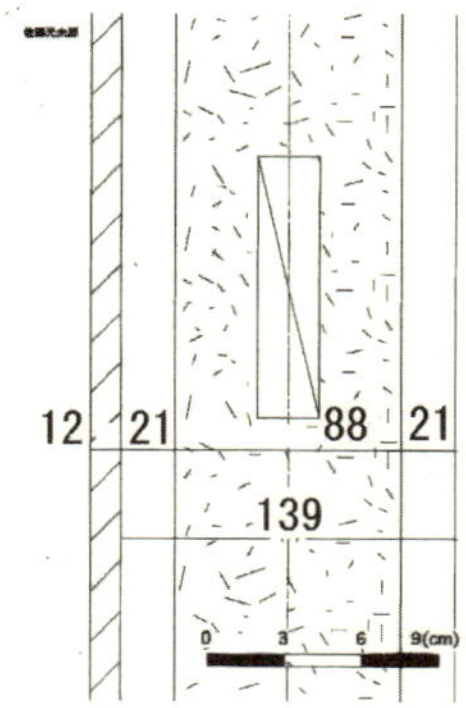

図5-16　佐藤光男家 壁詳細

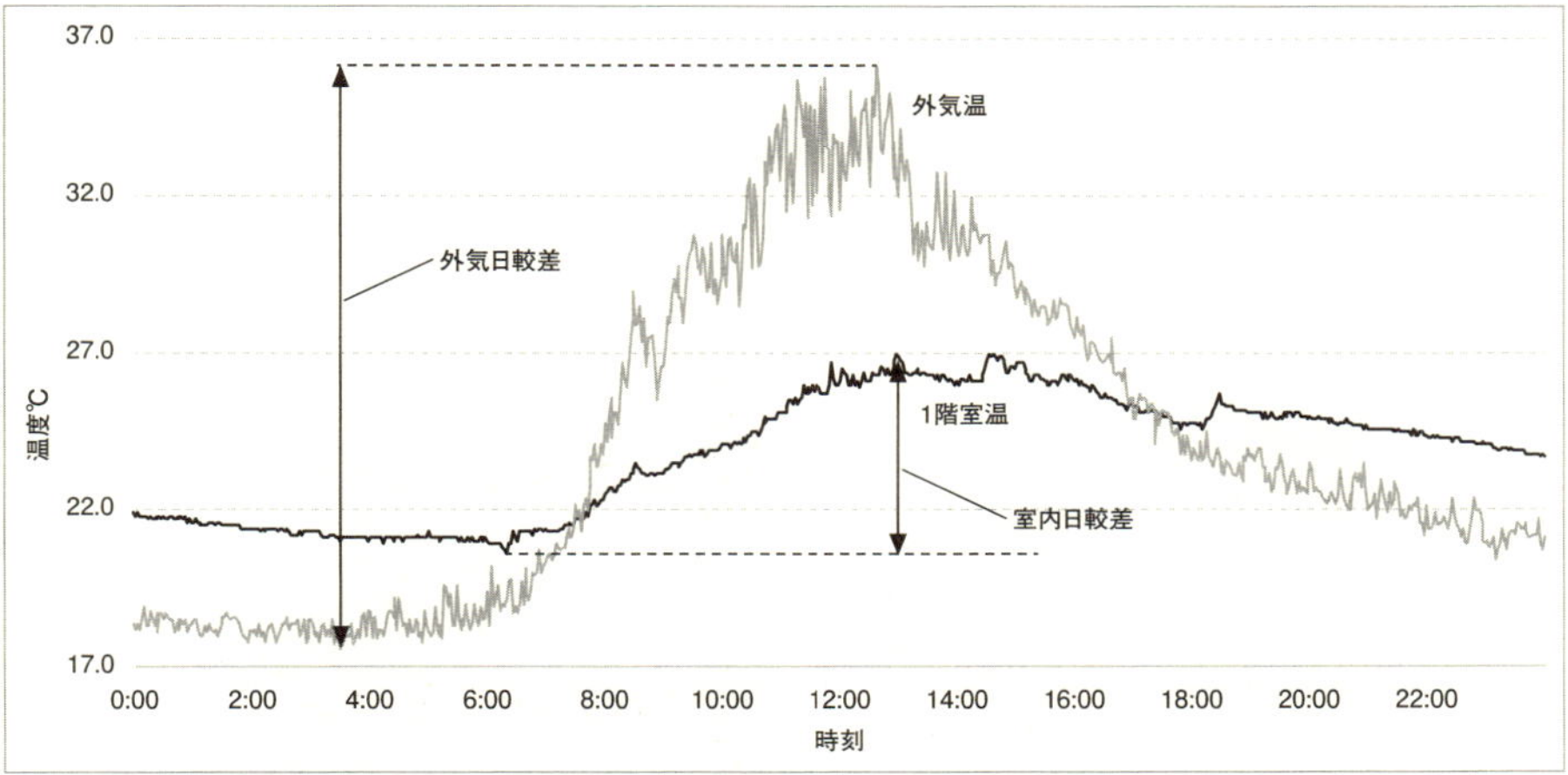

図5-17　佐藤光男家主屋の温熱分布（2004年9月21日計測）

現代住宅にどこまで利用できるか

小舞土壁の蓄熱を利用した熱の有効利用が、現代にどこまで応用できるのかをひもときます。

小舞土壁はどんな構造

太竹を4~6分割した割竹（小舞竹）を縦横格子状に間渡竹《まわたしたけ》に縛りながら組んだ下地（小舞《こまい》）をつくります（小舞掻《こまいかき》）（図5-18）。次に粘土質の土にわらを混ぜたものを下塗りとして塗ります（図5-19）。ひと月ほどして土が乾き割れがたくさん入ったところで2回目を塗り重ねます（貫伏《ぬきぶせ》・底埋《そこうめ》）。ここからは割れを少なくするために砂も混ぜます。7日ほどあけながら3・4回目の上塗り（付送《つけおくり》）を所定厚さ80~90ミリメートルまで塗り重ねます。次に中塗りをしてきれいな平滑面をつくり、最後に色土や漆喰等で仕上げます。乾かしながら次の工程に入っていくので工期がかかります。材料代は建材の中で最安といってもよいくらい格安ですが、手間代がかかります。

昭和初めまでは小舞掻・下塗りは住み手が作業していた

全て専門家に頼むと手間代がかかるので高価な工事になりますから、前半の作業は住み手が行っていました。竹と粘土の材料代は一般住居で10~20万円ほどですが、手間代が280万円ほどになりますので、自分たちで作業すると一気にローコストに持っていけるのです。竹も粘土も加熱や加工がほとんどありませんから、資源消費や温暖化ガス排出の面で環境に負荷がかからないのも、ひときわ優れものです。

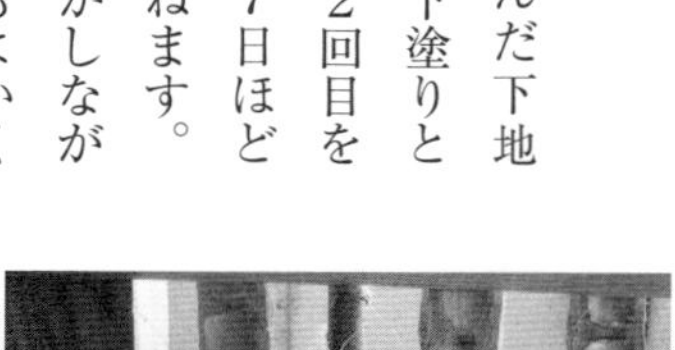

図5-18　小舞土壁
間渡竹と割竹

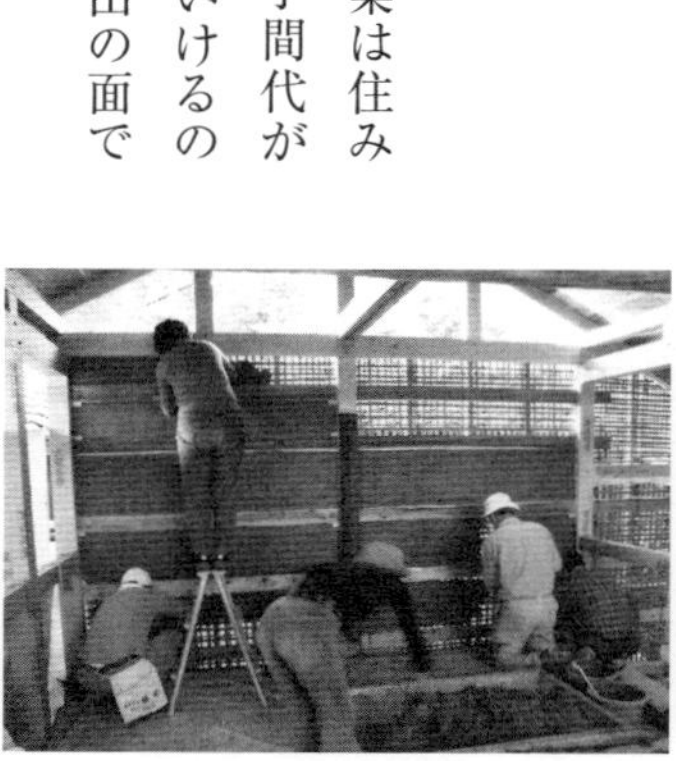

図5-19　ワークショップで土壁を塗る

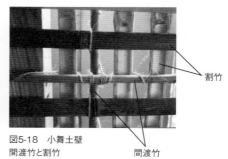

温熱効果はどうでしょう

図5‐20、5‐21は神奈川県王禅寺の家（設計：無垢里）です。この家は床暖房による放射熱源を施し、夏冬ともに壁蓄熱を意識して小舞土壁を90～135ミリメートルの厚さで塗っています（図5‐22）。

図5‐23を見てください。日較差（最高と最低の温度差）が、外は7℃に対して室内は3℃で、恒温に近い状態がつくられています。次に壁面温度を見ると、夜間は壁面の方が室温より高いので、壁が放熱によって冷やされています。日中は壁面の方が室温より低いので、壁面から冷放射が起き始めます。冷放射は空気温とは別のもので、身体から壁に吸熱される関係になりますから、室温より涼しく感じることになります。蓄熱材の土壁が夜間の冷熱を、涼しさが求められる日中に運んでいることになります。民家と同様に現代の住宅でも蓄熱材を使うことで、機械を使うことなく熱の効率的な運搬を行えることがわかります。

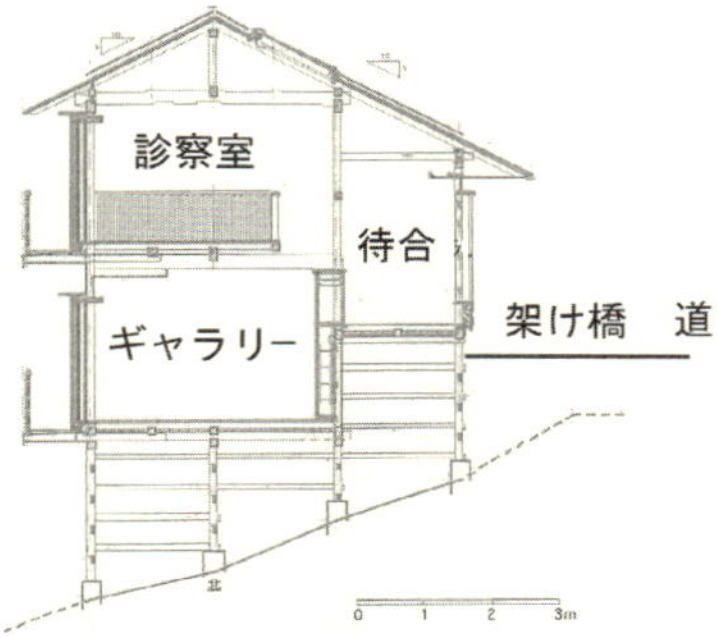

図5-20　王禅寺の家（設計:無垢里）
断面丘陵地の斜面を利用して計画。

図5-21　王禅寺の家　北東面の蓄熱壁
厚120mmの土壁に漆喰によるイタリア磨の仕上げを施している。

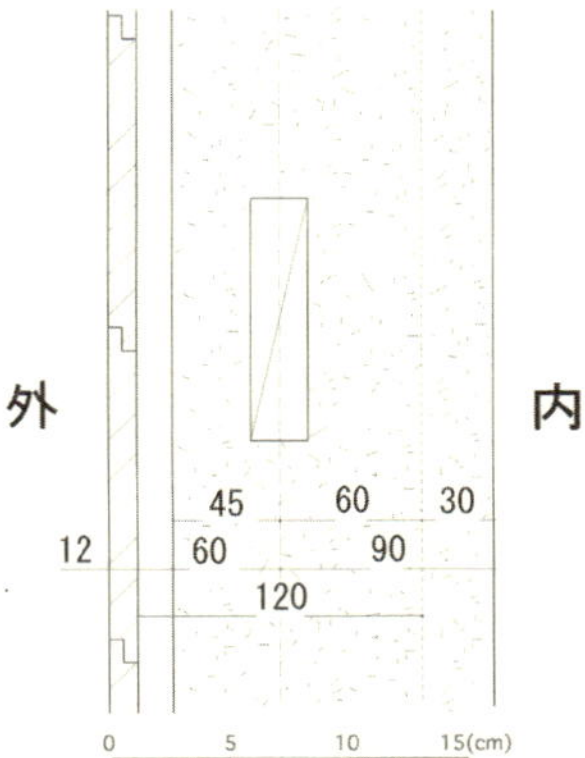

図5-22　王禅寺の家 壁詳細

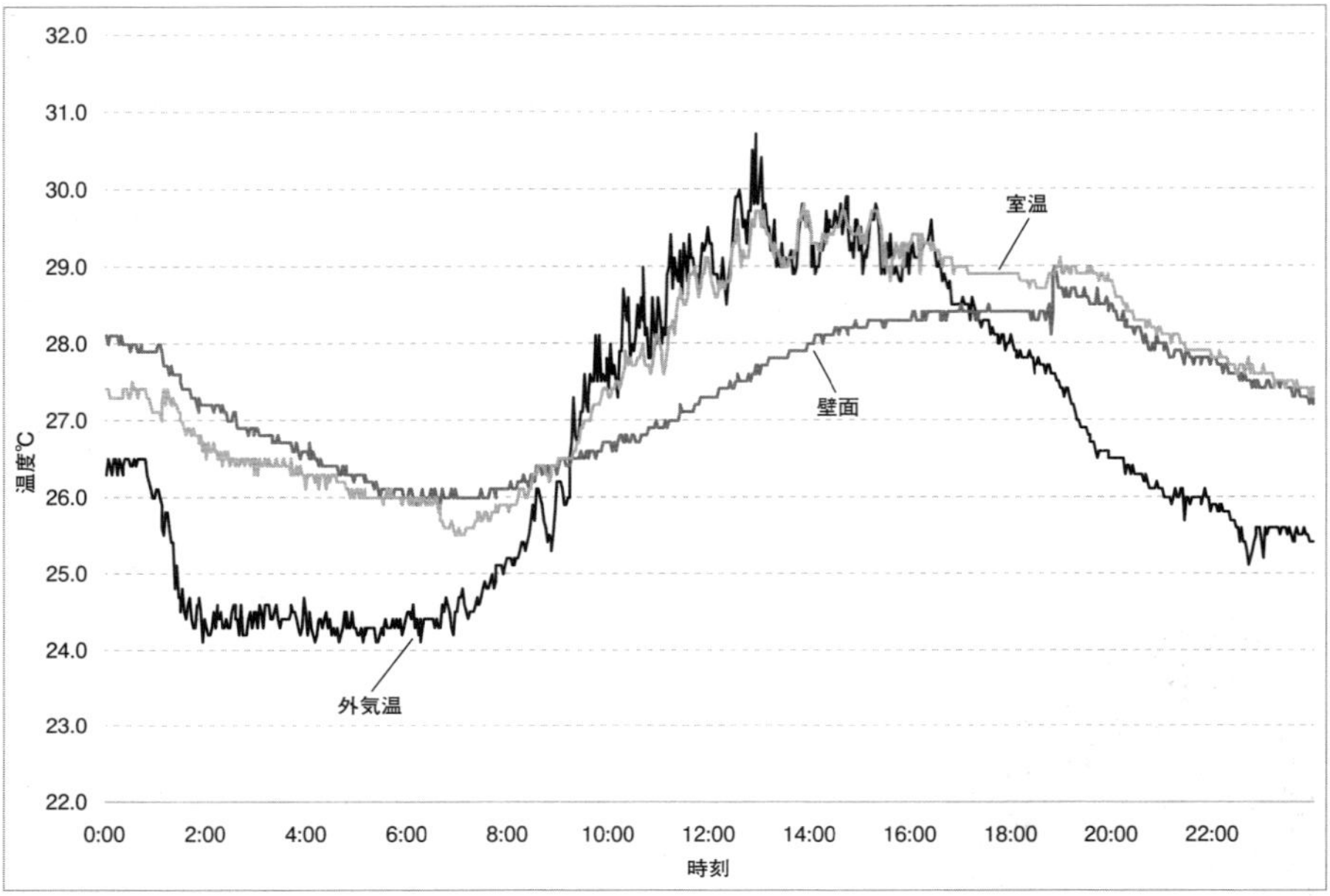

図5-23　王禅寺の家の温熱分布（2008年7月29日～30日計測）

断熱型住宅では夜間冷熱の有効利用はできない

夜間冷熱の有効利用は一般に多くある断熱型の住宅でも行われているのかを、実測によって見てみることにします。

横須賀の家（設計：無垢里）（図5-24）は神奈川県にあり、壁には断熱材が使われていますが、蓄熱材は改めて施されていません。室内は石膏ボードの上に漆喰が塗られ、外壁内にはグラスウール厚50ミリメートルが充填され、外部側は耐火ボード12ミリメートルに杉板15ミリメートルが張られています（図5-25）。

図5-26を見ていただくと、室温が外気温とほぼ同じ変化をしています。外気温のラインが上に平行移動していますので、日較差は外気温と室温で同じになります。蓄熱型に見られた、室温の日較差が外気温より小さくなる特徴はありません。このことから、夜間冷熱を日中へ運ぶ熱の運搬は、断熱型ではできないことがわかります。

断熱と蓄熱は使い分ける

いくつかの材でつくられている壁等の断熱性能は熱貫流率（U値：W/m²・K）で表され、小さいほど断熱性能がまさります。蓄熱性能は熱容量（J/K）で表され、大きいほど蓄熱性能が高まります。両者は内容が全く違うものです。今まで見てきた建物の両者の数値を見てみましょう。

図5-27から、断熱性能では断熱型の家が蓄熱型より3～4倍まさっていますが、蓄熱性能は逆転し6分の1から12分の1になります。両者の性能を目的に応じて使い分けないとなりません。熱の運搬のような蓄熱性能を施すには蓄熱材を使わないとなりません。その上で外の空気熱の断熱性能を上げる場合は、蓄熱材に断熱材を組み合わせることが必要になります。

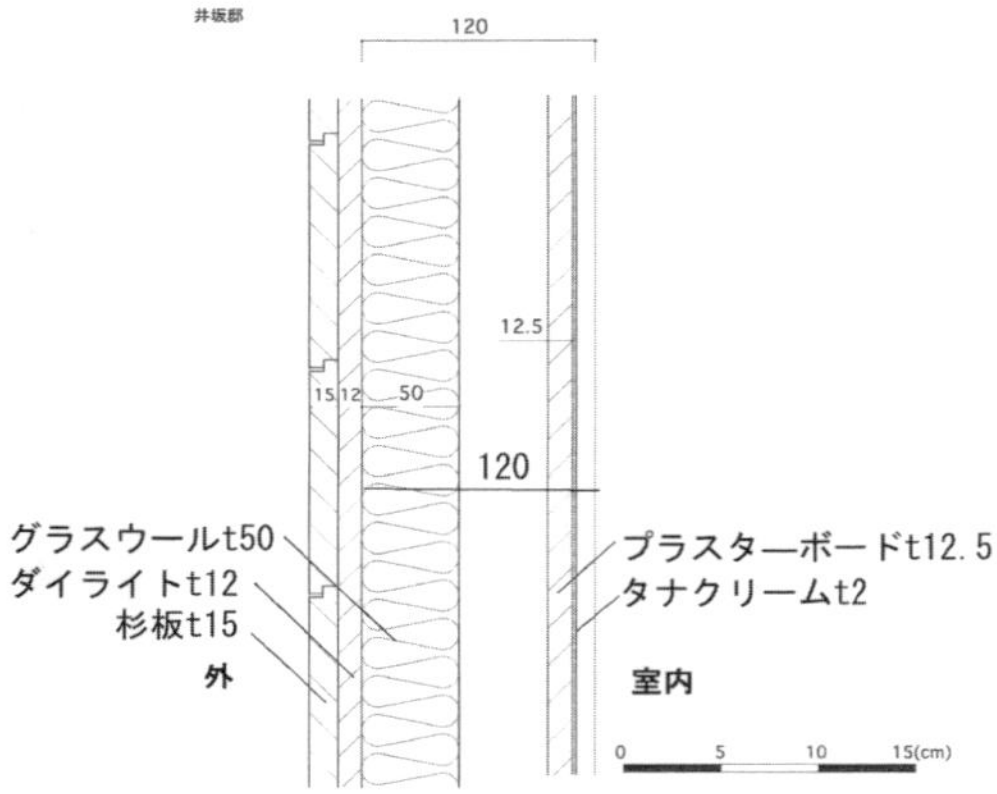

図5-25　横須賀の家　壁断面詳細

図5-24　横須賀の家（設計:無垢里）　北面外観

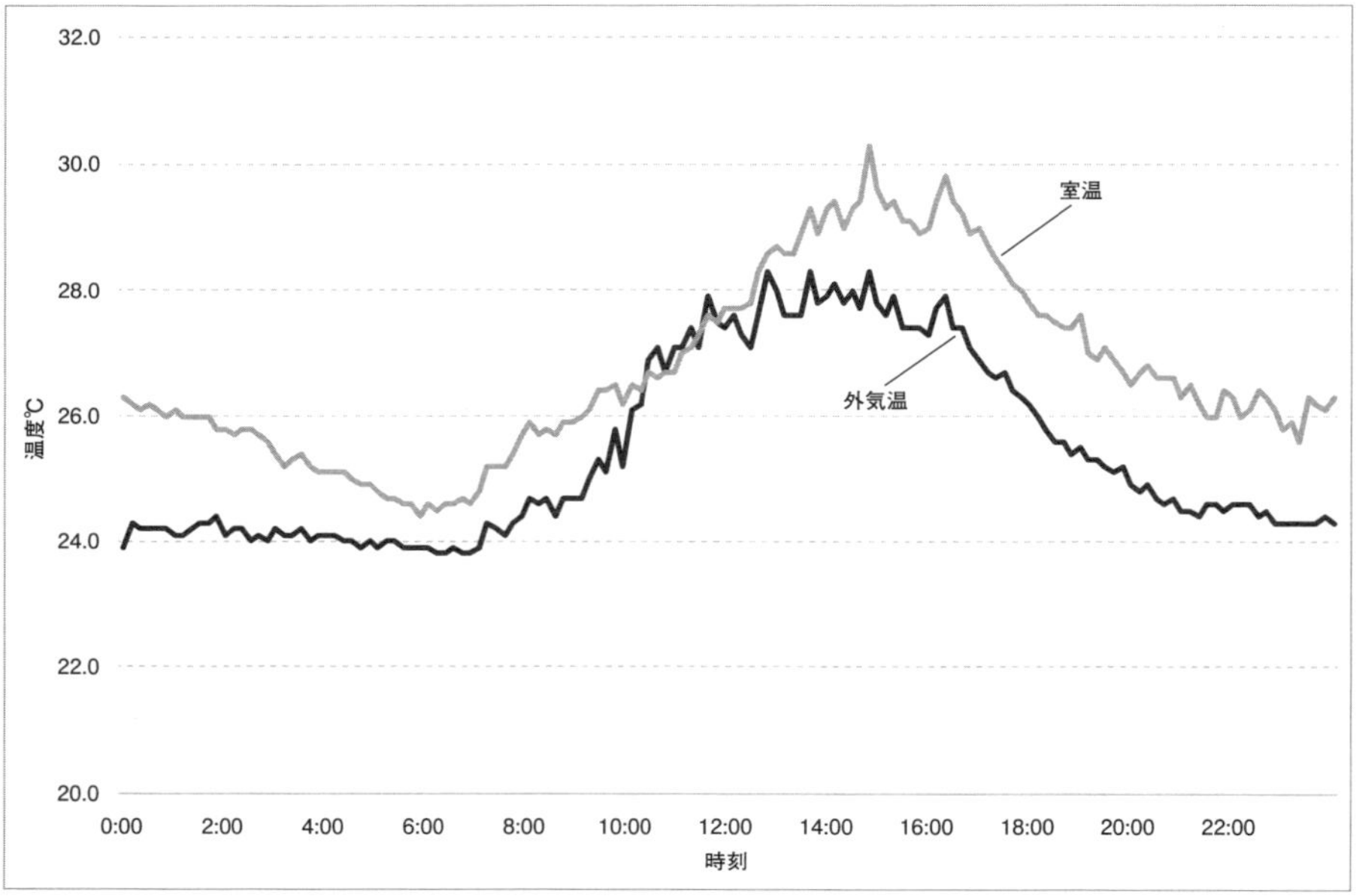

図5-26　横須賀の家の温熱分布（2009年8月25日計測）

	横須賀の家	湯本家主屋 2階	佐藤光男家
断熱・蓄熱	断熱型現代	蓄熱型厚壁	蓄熱型薄壁
熱貫流率（断熱）	0.5W/m²K	1.51W/m²K	2.2W/m²K
熱容量（蓄熱）	17.61kJ/K	226.94kJ/K	101.34kJ/K

図5-27　三つの家の断熱・蓄熱性能の比較

3 日中の温もりを夜間に利用する　—冬の蓄熱効果—

夏の暑さを冬に持ってくることができたらどんなに熱の有効利用になるかと思いますが、そこまではできなくても民家は1日の中では実践していました。夏の話はすでにいたしましたが、冬においても日中のぬくもりを夜に持ってくる熱の運搬をしていました。

群馬県旧六合村赤岩集落湯本家土蔵の事例　暖房が全く無い場合
日中のぬくもりを夜間に利用する

この地域の冬はマイナス4〜5℃にまで下がります。最初にご紹介するのは湯本家土蔵で、約200ミリメートル厚の土壁でつくられています（図5-28、5-29、5-30）。収蔵庫であって生活していませんから、暖房は全くしていません。暖房の影響がない方が、建物の温熱特性をはっきりつかめます。図5-31から1日の最高と最低の温度差（日較差）を見ると、外が11℃に対して室内が2℃です。外の寒暖に関わらず室内がほぼ一定になっています。これは畜熱材を使った建物の特徴で、断熱型には表れません。明け方の室温は外気温より5℃ほど高くなっています。

暖房無しなのに外より暖かい

暖房を全くしていないのになぜ高くなるのでしょう。日中は室温が外気温より低くなっているので、土壁が外の温もりをもらい受け蓄えているとみられます。この蓄えが、夜間に室内が外より暖かくなる熱源になります。日中の熱を夜間に運んでいます。夜間の厳しい寒さを日中の温もりで和らげる熱の有効利用が図られています。外と内の温度差に時間の経過を加味した面積が日中と夜間でほぼ同じですので、そっくり熱を運んでいる様子がわかります。

図5-28　湯本家土蔵外観

図5-29　湯本家土蔵内観

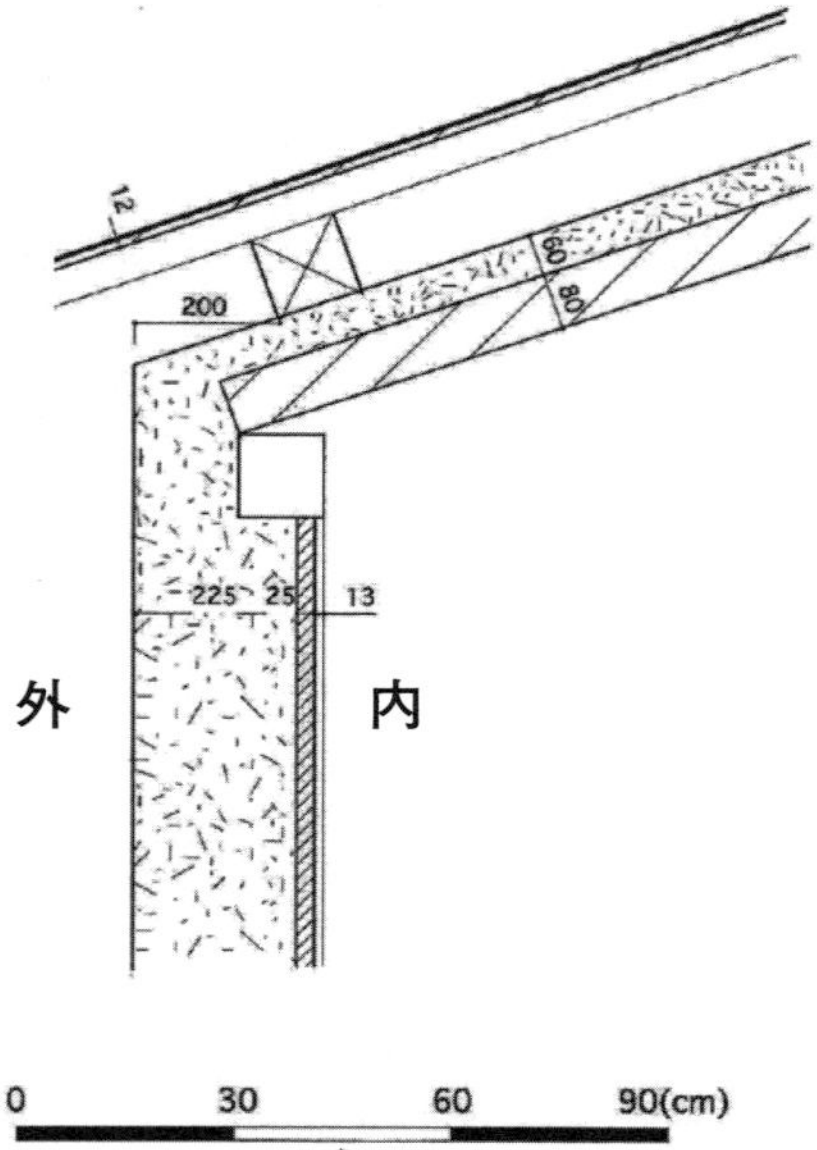

図5-30　湯本家土蔵の壁断面

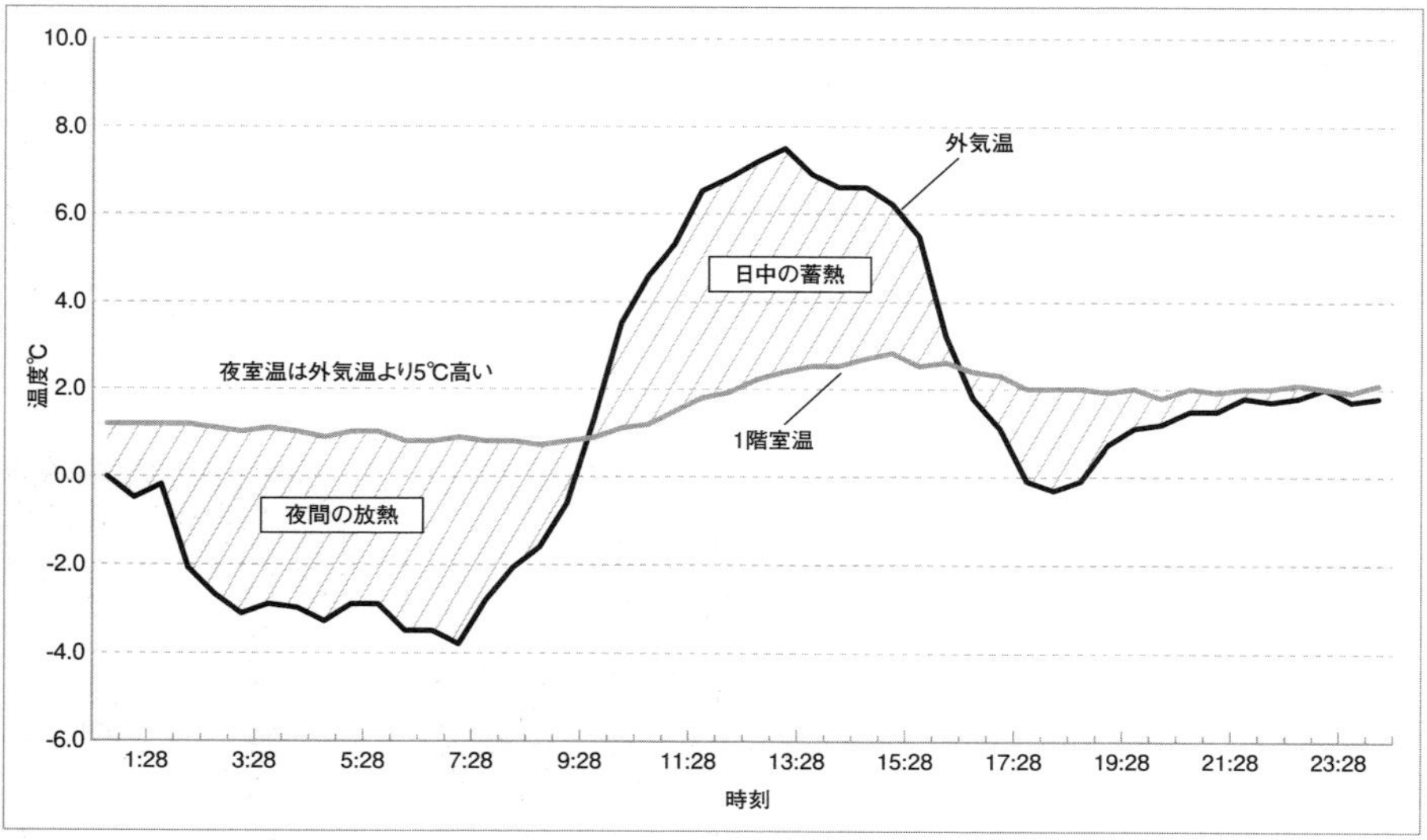

図5-31　湯本家土蔵の温度分布（2000年12月18日計測）

群馬県旧六合村赤岩集落湯本家主屋　暖房のある場合

土蔵は全く暖房が無い状態でしたが、暖房を行っている蓄熱型の民家の特性を見るために主屋の実測を行いました。

湯本家主屋は江戸時代後期の１８０６年に建てられ、当初から土蔵造りの住宅としてつくられました（図5-32、5-33、5-34、5-35）。１階が生活の場で電気ストーブとこたつがあります。２階は寝室、３階は納戸で、両階とも全く暖房をしていません。当初は１階に囲炉裏がありました。

図5-36の主屋３階の室温を見てください。土蔵１階の室温がそのまま上に平行移動しているのがわかります。土蔵は全く暖房がありませんでしたが、主屋３階は１階の暖房の影響をわずかに受けています。主屋と土蔵のつくりはほぼ同じですので、暖房の熱が土蔵の熱環境を上に押し上げているとみられます。

明け方の室温は外気温より８℃ほど高くなっています。無暖房の土蔵が５℃高いですから、そこに暖房分の３℃が加わった状態になります。土蔵の日中のぬくもりを夜間に利用する機能は活かしながら、暖房によってさらに室温を高めている様子がわかります。暖房によってゼロから快適温度に立ち上げるのでなく日中の熱を利用していますから、その分の暖房費が削減されます。

図5-32　湯本家主屋外観

図5-33　湯本家主屋2階

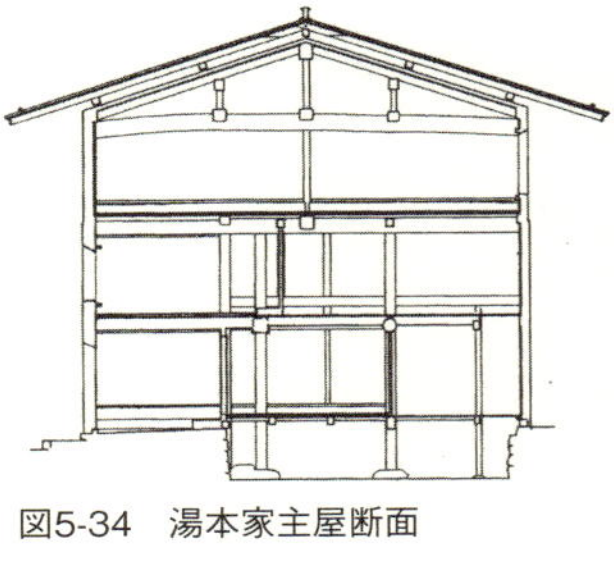

図5-34　湯本家主屋断面

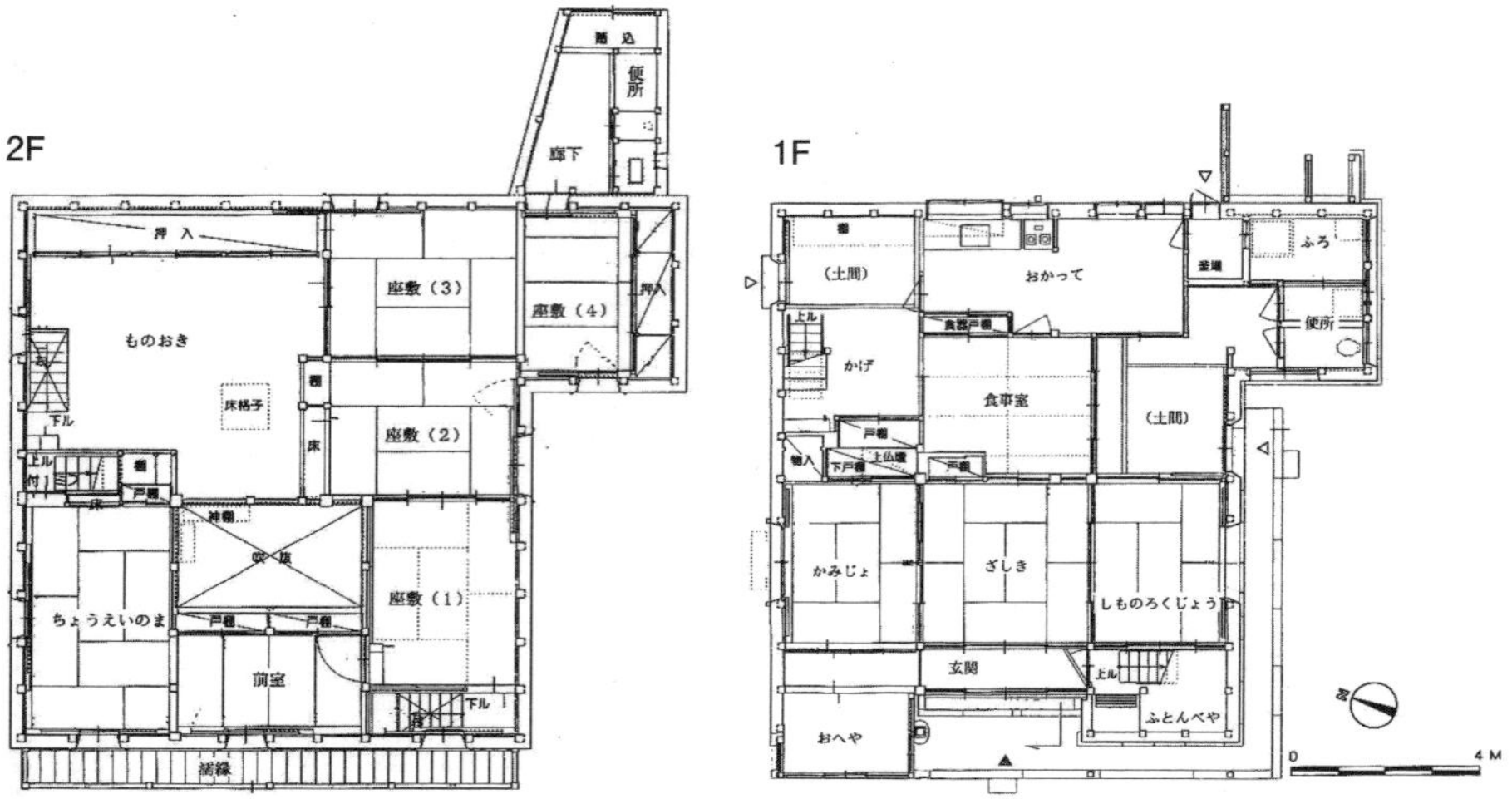

図5-35　湯本家平面図

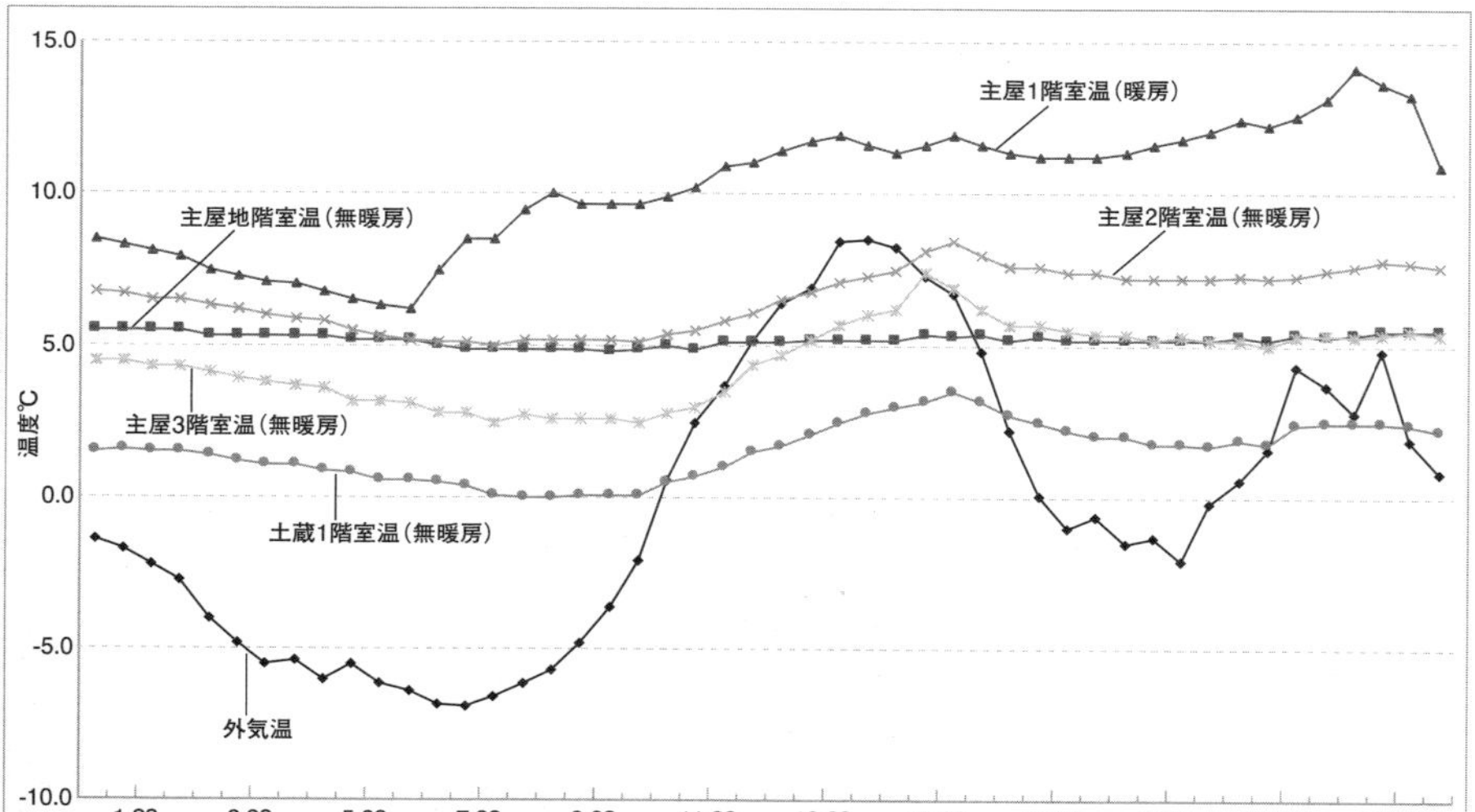

図5-36　湯本家主屋・土蔵の温度分布（2000年12月23日計測）

現代住宅にどこまで生かせるのか

王禅寺の家（設計：無垢里）は、東京近郊の丘陵地に建つ小舞土壁による蓄熱型の住宅です（図5-37、5-38）。壁厚は90ミリメートルですが、北東面は135ミリメートルにして蓄熱量を高めています。1階と中2階に温水管による床暖房を敷設し、2階は全く暖房をしていません。

日中の熱を夜間に利用

図5-39は王禅寺の家の温度分布です。まず、蓄熱型かどうかの見極めになる日較差から見てみましょう。外気温の9℃に対して室温は約2分の1の4℃となっていますから、蓄熱が行われていることがわかります。

日中の土壁表面温度を見ていただくと室温より低くなっていますので、壁が熱をもらい受けて蓄えていることになります。夜間になると逆転して壁表面温度が室温より高くなりますから、壁から放熱していることになります。日中のぬくもりを壁に蓄え、寒さが厳しくなる夜間に利用する熱の運搬が行われています。壁厚は土蔵の半分弱になりますが、蓄熱型民家が持っている熱の有効利用を現代住宅でも活かすことが可能です。

図5-37　王禅寺の家（設計:無垢里）
内観

図5-38　王禅寺の家　1階

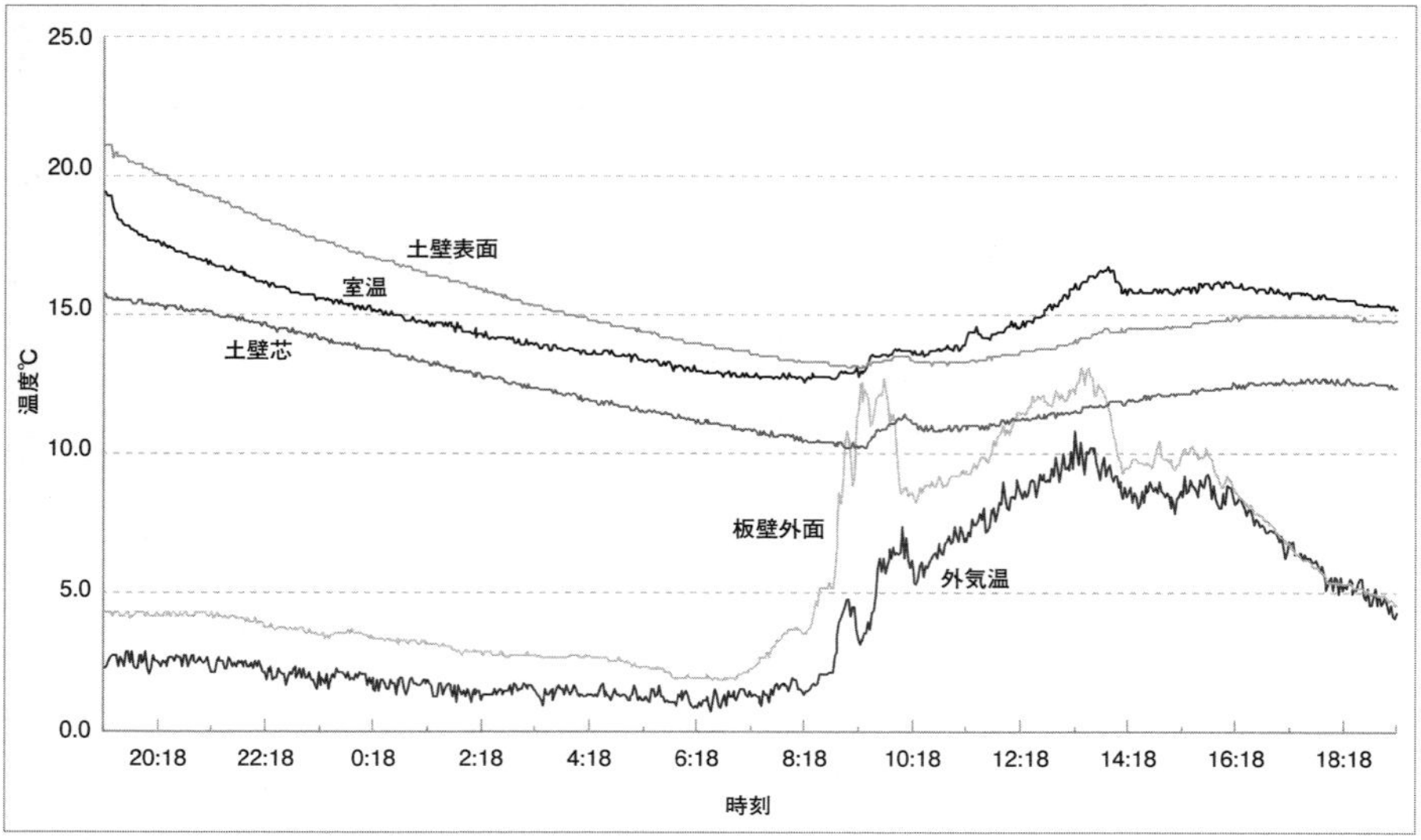

図5-39　王禅寺の家の温度分布（2000年2月6日～7日計測）

冬の冷熱を夏に、夏の暖熱を冬に運ぶ

機械を使わずにこのような熱利用ができたら素晴らしいことですが、湯本家の土蔵がどこまでできていたかを見てみましょう。1日の中での蓄熱は、1日の最高と最低温度の差である日較差が外気と内気で違うほど蓄熱され熱利用が図られます。1年間の中での蓄熱は、年間の最高と最低温度の差である年較差を外気と内気で比較することで、夏冬間の熱利用状況がわかります。

群馬県旧六合村赤岩集落湯本家土蔵の年較差の図5-40を見てください。外気温の年較差40.4℃に対し、土蔵1階の室温は24.6℃ですので、前者の60.9%になります。日較差は図5-41、5-42、5-43より、夏冬とも外気が15.4℃に対し土蔵1階が3.5℃で、前者の22.7%になります。年較差は日較差の3分の1くらいの性能になってしまいますが、それでも1年を通じて熱を運搬していることがわかります。蓄熱が無ければ室内の年較差は外気温の年較差と同じになることから思えば、蓄熱を利用することで年間の熱の運搬は確実に行われています。

	日時	夏最高温度	日時	冬最低温度	年較差
外気温	2000年8月1日 14:40	33.5℃	2000年12月23日 6:58	-6.9℃	40.4℃
土蔵1階	2000年8月1日 17:00	24.6℃	2000年12月23日 8:28	0.0℃	24.6℃

図5-40　湯本家土蔵:年較差

	日時	最高温度	日時	最低温度	日較差
外気温	2000年8月1日 14:40	33.5℃	2000年8月1日 4:20	18.1℃	15.4℃
土蔵1階	2000年8月1日 17:00	24.6℃	2000年8月1日 6:00	21.1℃	3.5℃

図5-41　湯本家土蔵:夏日較差

	日時	最高温度	日時	最低温度	日較差
外気温	2000年12月23日 13:58	8.5℃	2000年12月23日 6:58	-6.9℃	15.4℃
土蔵1階	2000年12月23日 15:28	3.5℃	2000年12月23日 8:28	0.0℃	3.5℃

図5-42　湯本家土蔵:冬日較差

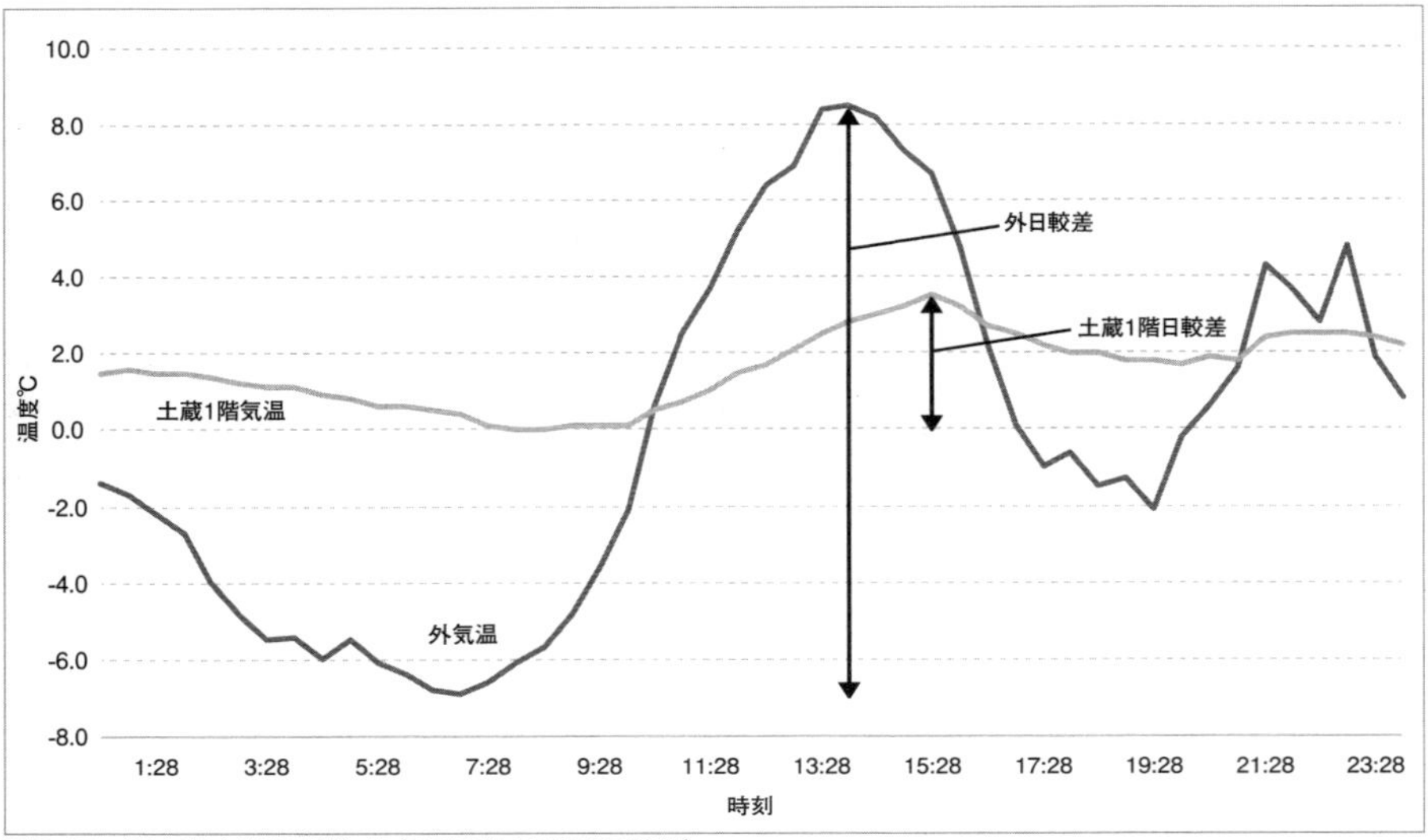

図5-43　湯本家土蔵:日較差・冬(2000年12月23日計測)

第6章
自然と共存する設計術：通風

群馬県 島村

『むくり』No54より

群馬県南東部で埼玉県境に位置する。江戸期は利根川の洪水で農地の確保に苦労していたので次第に養蚕と水運が主力になった。幕末には蚕種(蚕の卵)の育成が盛んになり、養蚕の高い技術が確立され自然に近い環境で蚕を育てる「清涼育法」がこの地で生み出される。屋根の上に載る小屋根(越屋根)には家の中に風を通す上下通風の原理が応用されている。

1 風を南から北に通す

風を通す二つの方法

部屋の内外に圧力差があると風が流れます。圧力差を手に入れるには二つの方法があります。一つは、大気の高気圧と低気圧の差から生まれる風を利用します。日本列島の夏は南に高気圧、北に低気圧が多いので、風は主に南から北に流れます。これを利用します。

もう一つは、室内外の温度差から生まれる圧力差です。夏の内外温度差が大きくなるのは夜ですから、この原理を利用するならクーラーを使わずにぐっすり寝ることが可能になります。

冬の気圧配置　川端康成『雪国』

この小説は「国境の長いトンネルを抜けると雪国であった」で始まります。国境のトンネルとは、上野と新潟を結ぶ上越線の清水トンネルを指します。太平洋側の雨一つ降らないカラカラの世界からトンネルに入り、真っ暗な30分近い道中をやっと抜けた瞬間に、日本海側の真っ白な銀世界が目の前に現れる光景を描いています。この景観は冬の気圧配置から生まれます。どういうことか見てみましょう。

西高東低

日本の冬の気圧配置を語る言葉です。冬の日本列島は西北に高気圧、南東に低気圧が多くなります（図6-1）。その結果、西の中国・韓国といった大陸から東の太平洋に向けて風が流れるようになります。日本海を渡ってきた風はたっぷりと水蒸気を含んでいて、日本列島の山頂にぶつかり冷やされ雪が降ります（結露）（図6-2）。上空が寒気団などで冷やされ

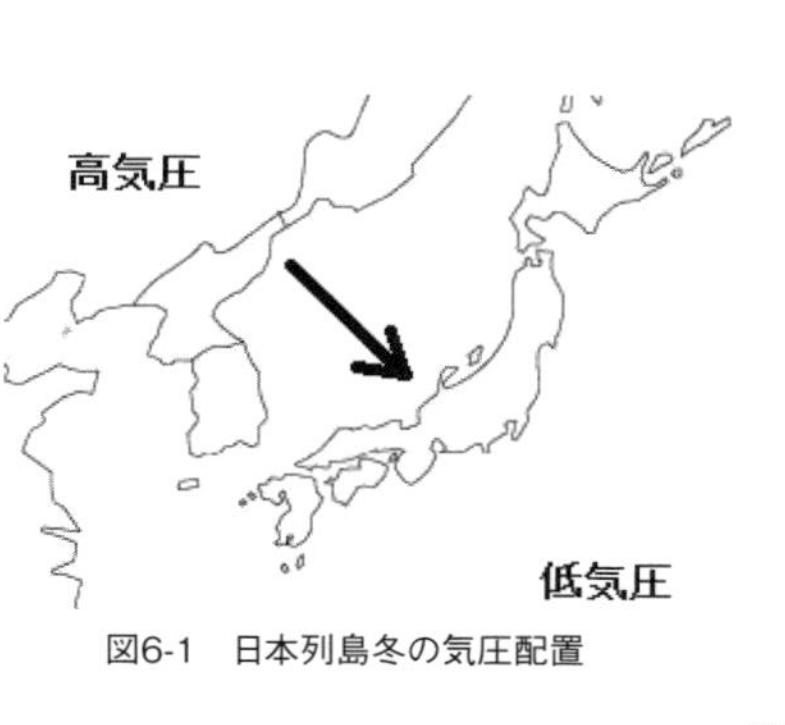

図6-1　日本列島冬の気圧配置

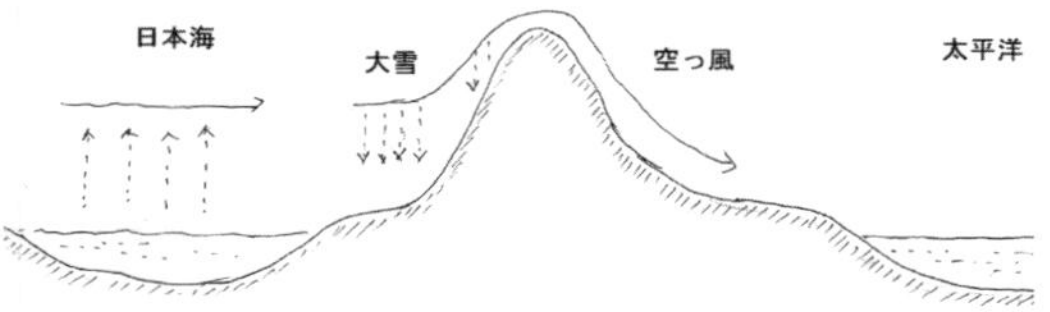

図6-2　日本列島断面と冬の風の流れ

ると平野部にも雪が降り、日本海側が雪に覆われる特有の景観が生まれます。

かかあ天下と空っ風

山頂で冷やされ日本海側で水分を出し切った空気が、山の斜面に沿って太平洋側に降りてきます。群馬県ではこの風を「赤城おろし」などと呼びます。群馬の代名詞に「かかあ天下と空っ風」があります。これらの言葉からも寒く乾いた風の様子がうかがわれます。「かかあ天下」は群馬の女性が強いという意味ではなく、明治に養蚕が盛んであったころ、その仕事を担っていた主婦は農作業を担っていた主人よりはるかに大きい収入を得ていたことからこの言葉が出たようです。

かしぐね

群馬では山から吹き降りる風が冷たかったのでカシの木を大きな生垣のようにしつらえ「かしぐね」と呼ばれる防風林をつくっていました（図6-3）。カシは常緑の広葉樹で冬でも葉を落とさないので防風林として好適でした。

夏の気圧配置

夏の気圧配置は全く逆転します。南が高気圧、北が低気圧となるので、風は南から北に流れることになります（図6-4）。南と北に窓を開けることで室内に風を通すことができます。

図6-4　日本列島夏の気圧配置

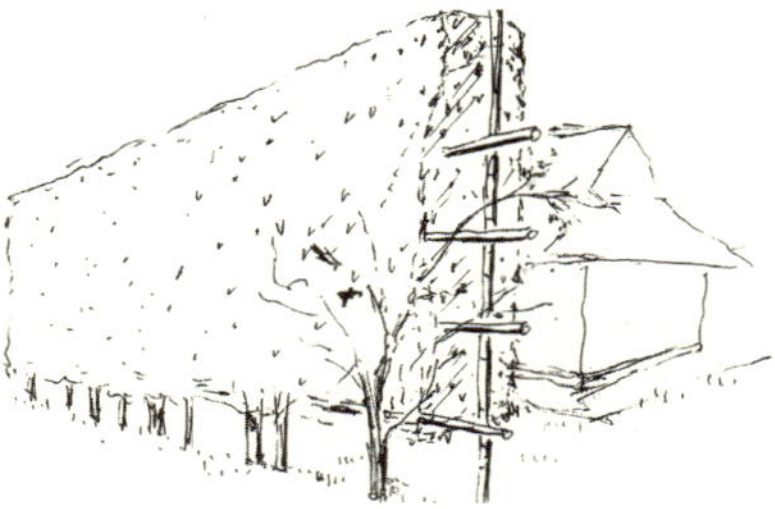
図6-3　かしぐね

風量は窓の大きさに比例する

風量を表す次のような式があります。

$$Q = \alpha A \sqrt{\Delta P}$$

$$風量 = 流量係数 \times 間口面積 \times \sqrt{圧力差}$$

この式から、窓（A）を大きくするとたくさん風が流れるのがわかります。流量係数（α）は窓の抵抗を表すもので、抵抗無しは1になります（図6-5）。

北の窓の大きさが通風量を決める

しかし多くの家は南に大きな窓が開いているのに、思うように風が通り抜けてくれません。どうしてでしょう。前述の式は、壁だけが建ちそこに開いた穴を風が通る時の計算式です。入り口と出口があるときは、二つの開口を一つの開口に直す次式の計算が必要です（図6-6）。

$$1/A^2 = 1/A_1{}^2 + 1/A_2{}^2$$

この式の中身を見てみましょう。一般住居は北に便所・浴室・洗面・台所が配置されるので小さな窓となり、南には大きな窓が開いています。二つの窓の大きさに極端な違いがある状態をこの式に仮に入れて一つの窓に置き換えると、その大きさは小さい窓の大きさにほぼ相当するのがわかります。このことから風が通る家をつくるには北側の小さな窓を大きくすればよいということになります。

全開窓の活用

かといって、便所の窓を床から開けるのは現実的ではありません。ではどうすればいいのでしょう。全開窓があります（図6-7）。引き違い窓が一般ですが、この窓は風が通る面積

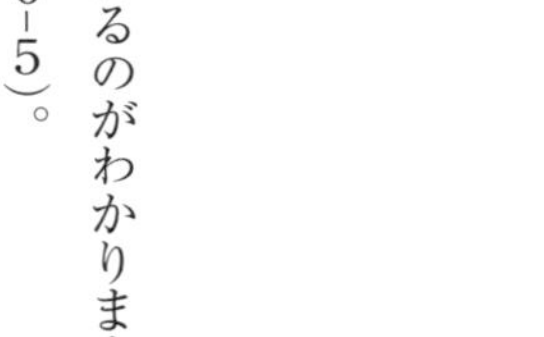

図6-5　窓の抵抗を表す流量係数α

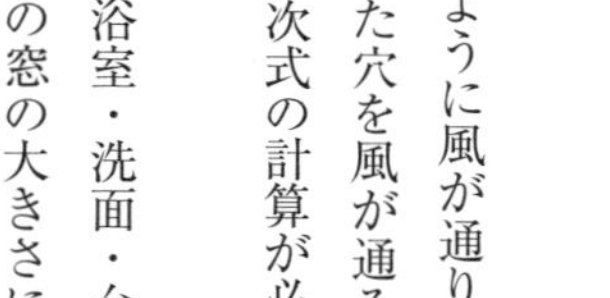

図6-6　壁の穴を風が通る時の概念図

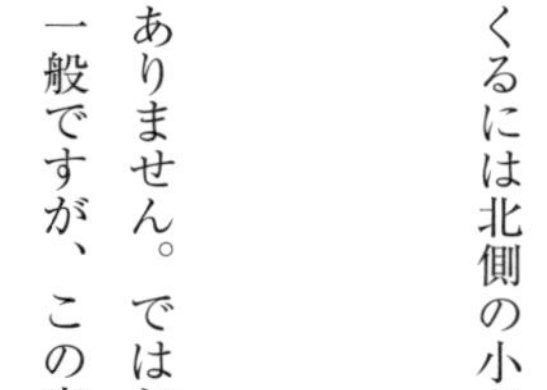

図6-7　半開窓・全開窓

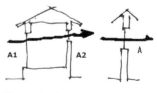

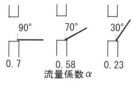

は半分になってしまいます。窓全部が開くようにできれば、開口面積は2倍になって風量を倍加できることになります。アルミサッシに全開できる窓は事実上ありません。ルーバー窓は全開になるのですが流量係数が0．7なので、開口率7割と同じになってしまいます。

全開引き込み窓はどうすれば手に入る

では、全部開いてしまう引き込み窓はどうしたらよいのでしょう。建具屋さんにつくってもらうのは全く問題なく可能です。木製建具になりますので、隙間・狂い・高い・腐るといった問題が気になると思いますが、これらの問題は全て解決できることなのです。

隙間は気密材の使い方で相当解決できます。「狂い」は水蒸気を吸って吐いての都度に延び縮みを起こしますから、狂うものという前提で建具の納まりを考えておくことです。建具の価格は本数が大きく左右します。引き違いは2本なのに全開は1本ですから、同じ大きさの窓でありながら全開にすると、価格が3分の2くらいに下がるのです。建具屋さんはサッシメーカーと違い、カタログもショールームも営業も株主配当もいりませんので、経費が大幅に少なくて済みますから結構手頃な価格が可能となります。「腐る」はすでに述べましたように雨がかからないようにすれば全く腐りません。軒や庇をしっかり出しておけば100年200年持ちこたえます。

昭和初期の長屋が全開窓

昭和8年に建てられた台東区谷中の長屋は、2階の南と北の窓を同じ大きさにし、かつ両側に引き込む全開窓にしていました（図6-8、6-9、6-10）。その結果、夏は風通しが良いのでクーラー無しで暮らしています。

図6-8　谷中の長屋の外観

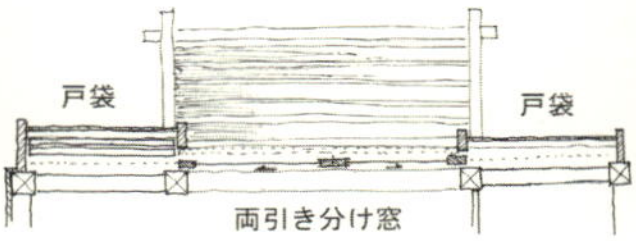

図6-9　谷中の長屋の窓詳細

閉時　開時

図6-10　谷中の長屋の窓:開閉時

全開窓を現代に工夫した事例

王禅寺の家（設計：無垢里）では、1．8メートル角の障子・ガラス戸・網戸・雨戸が戸袋に1本レールで引き込まれます（図6-11、6-12、6-13）。引き戸が優れているのは開閉が容易なだけでなく、時々の求めに応じてさまざまな対応ができることです。既成のアルミサッシだと冬でも網戸がどこかに残っていますが、片引き窓ですと不要になる冬は戸袋にしまうことで、ガラス越しにクリアな景観を楽しむことができます。冬の夜は雨戸や障子を引き出してきて目隠しと空気層断熱を図れます。夏は開ければ100％開口となり、風が面白いように通り抜けてくれます。

図6-14は、北側に全開片引き窓を設けた高坂の家（設計：無垢里）の事例です。

図6-12　王禅寺の家:障子全閉時

図6-11　王禅寺の家(設計:無垢里):障子全開時

図6-14　高坂の家(設計:無垢里)
中2階の全開窓・障子(高450mm巾1700mm)。
北側に設けられた全開片引き窓。北の小さくなりがちな窓の開口面積を全開にすることで風量を倍加している。

図6-13　王禅寺の家:2階全開窓・障子

2 内外温度差を利用して風を通す

内外温度差と上下窓の落差があるほど風は流れる

南と北の気圧差が風を生みましたが、それとは別の圧力差を利用して風を通すことができます（図6-15）。その原理は図6-16のようになります。

窓開口面積があるほど流れるのは前節と同じですが、新たに内外温度差と窓の上下差があるほど風が流れることがわかります。

夏の夜に風を通す

夏に室内外の温度差が大きくなるのは夜間です。日中は30℃を超える暑さでも夜間は20℃前後に下がります。室内は屋根・壁・天井裏に日中の暑さが残り、夜になっても気温が下がらないために内外に温度差が生まれます。温度差は内外の間に圧力差を生み風が流れ始めます。人の暑さ感は、気温の他に風・湿度・放射熱が関わりますので、風があると涼しく感じます。その結果クーラーを使わずに熟睡が可能となります。窓の上下差をとるほど通風量が増えますので、この工夫も欠かせません。

それでは先人がどのように工夫をしてきたかを見てみましょう。その一つに共同浴場などの煙突があります。5～6階建てくらいに高くするのは、この原理を利用して燃やすために必要な酸素を容易に窯に取り入れるためだったのです。

越屋根

クーラーの無かった時代の民家は、この原理を利用して、最も上下窓の落差が取れる屋根

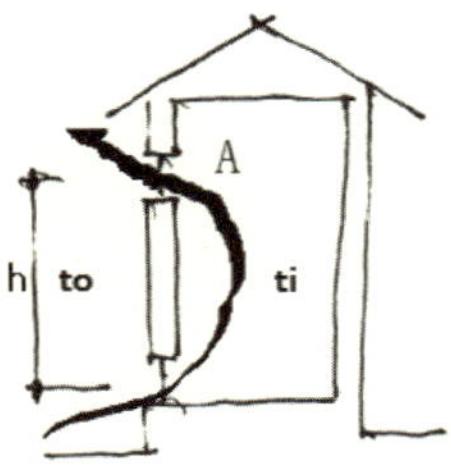

図6-15　圧力差を利用して風を通す概念図

$$Q=\alpha A\sqrt{2gh\times\left(\frac{t_i-t_o}{273+t_i}\right)}$$

内外温度差（$\frac{t_i-t_o}{273+t_i}$）

上下窓の落差（h）

$$風量＝流量係数×窓面積×\sqrt{2×重力の加速度×窓落差×\left(\frac{室温－外気温}{273＋室温℃}\right)}$$

図6-16　風の流量を表す数式

の上に開口を設けた小屋根を載せました。越屋根と呼ばれます（図6-17〜6-19）。同じ工夫が城下町の都市住居（町家）でも行われていました（図6-20）。間口が狭く奥行の長いのが町家の特徴ですが、細長い住居には多目的な土足の廊下（通り土間）がつくられ、通路兼作業空間として活用されました。炊事のかまどもありましたから、夏の通風だけでなく煙を外に出す必要がありました。今なら煙突を設けるところでしょうが、通風と煙出しの二つの効果を越屋根で手に入れました。屋根の端にあるのは、かまどのある通り土間が端にあるからです。

草が生えると熱帯夜にならない

夜間になっても気温が下がらない熱帯夜は都市部に集中しています。地面をアスファルトやコンクリートで埋め尽くしたことが要因の一つです。これらの材は蓄熱力があるので、太陽からの放射熱を日中に貯めてしまい夜間に放熱するからです。土の蓄熱力も同じようにありますが、草が生えるので葉が太陽の放射熱を遮り地面に蓄熱がされなくなり、夜間の気温は下がるのです。都心路面の日中の温度測定の結果を、67ページ・図3-50に載せています。路面温度は60℃にまで上がりますが、草の葉陰の土は外気温より8℃も下がります。

都心に住んでいるからあきらめるしかないのかというと、わずかな庭でも植物を植えて地面への蓄熱を止めれば内外温度差は生まれ、風が流れるようになります。

隙間を埋めずに隙間風を止める

前述の式（図6-16）は、内外の温度差が小さくなるほど風は少なくなることも意味しています。空気を暖めない放射熱源の暖房は、気温があまり上がりませんので内外の温度差が

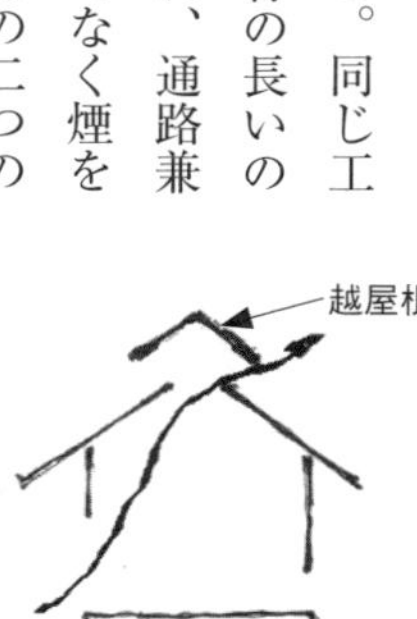

図6-17　越屋根概念図

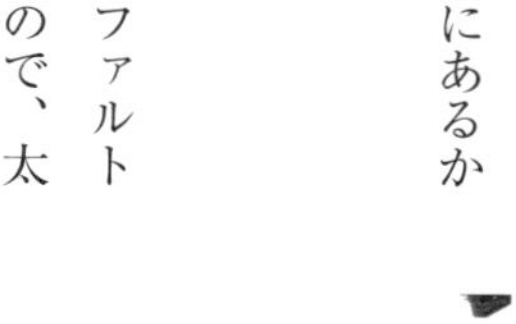
図6-18　農家の越屋根

図6-19　土間上部に見える越屋根

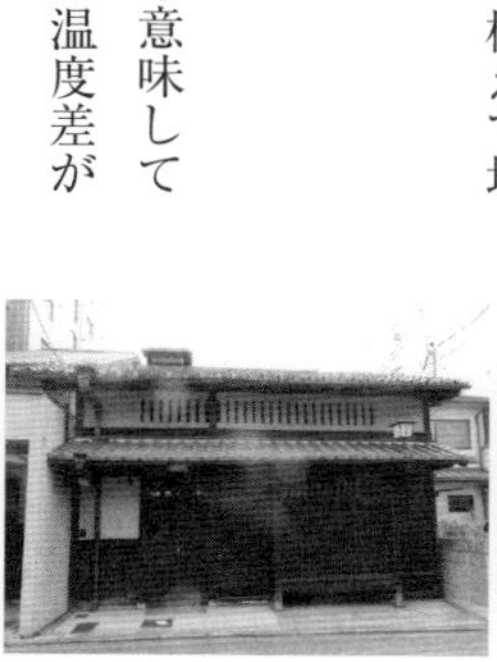
図6-20　町家の越屋根

減り、隙間風も減ることになります。隙間を埋めなくても隙間風があまり入らなくできるのです。高気密である必要は無くなるのです。

長野の改修民家を拝見したとき、木製窓まわりに気密材は無いのですがかつての糊跡が残っていましたので、お住まいの方に「今はその必要は無いのですか」とお聞きしたら、「隙間風は気にならなくなりました」とお話されていました。灯油ストーブの空気暖房から放射熱の床暖房に切り替えたことで内外温度差が小さくなり風量が減ったのと、空気温に表われない放射熱の温もりが生まれたことがその理由とみられます。

浴室に換気扇はいらない

浴室に換気扇は必需品と考えている方が多いと思います。少し前までの浴室は、換気扇は無いのにカビが全く生えない状況をつくっていました。何をしていたのでしょう。防腐剤を塗りたくっていたのでしょうか。違います。外から空気を取り入れ排気する風の通り道をつくっていたのです。上下に窓をとりその高さの差を大きくとればとるほど風が通り始めるという法則を利用したのです。明治・大正・昭和初期の住宅の浴室は、この法則を見事に取り入れていました（図6-21）。それも換気口を感じさせない意匠にしていました。築１００年以上も経つ湯殿なのにカビの生えていない姿はいくつも見ることができます。もちろん風の入り口と出口が必要で、出口だけ開けたのでは換気はできません。

高気密住居の室内空気は汚れやすい

気密が良くなるほど、外の空気との換気が必要になります。室内空気の汚れ具合は二酸化炭素濃度で表します。二酸化炭素は人の呼気からも出てきますので、この濃度が高いときは

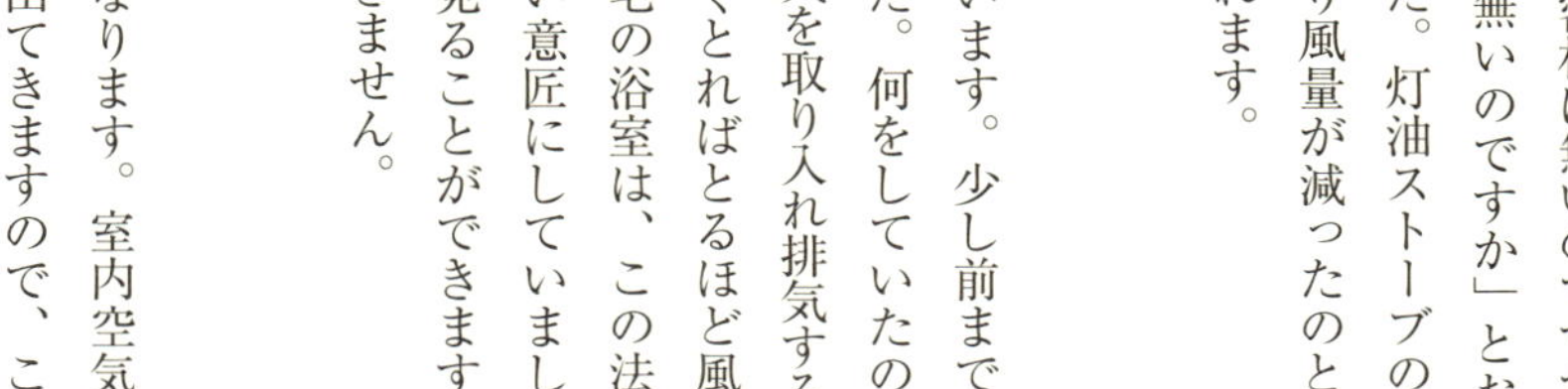

図6-21　埼玉県川島町遠山家湯殿（昭和11年築）
浴室の天井を真ん中ですぼめ、その最上部に換気口をとっている。水蒸気は軽くなって上に上がっていくので、最上部に排気口をとると水蒸気が溜まらなくなる。吸気は下の窓からとる。カビは水分を含んだ状態が長く続かなければ生えない。

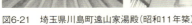

塵埃《じんあい》などの要素も高くなるからです。基準値は１０００ppmに設定されています。外気の二酸化炭素濃度は、１８００年代の産業革命当時は２８０ppmでしたが、現在は４００ppm。室内環境基準値であっても外の空気の2．5倍の汚れとなります。気密の良い部屋で換気を怠ると、急激にその濃度が上がります。換気を旺盛にすれば解決しますが、それでは高気密にした意味が無くなります。

ある寝室の二酸化炭素濃度を測った事例を見てみましょう（図6-22）。寝室に2人が午前0時に入った時の濃度が４５０ppmでしたが、7時間後には１５８０ppmに増えています。外の濃度の約4倍の汚れになっています。低気密であった時代の住居には、この問題は起きませんでした。

現代の住まいにこの原理を活かしてみました

緑が残る都内保谷に建つ家です（設計：無垢里）（図6-23、6-24）。リウマチを患っているのでクーラーを使わないで夏涼しく暮らせる住まいにするために、屋根の頂部に越屋根を載せ夏の通風をとりました。竣工後いただいたお便りに「明け方は寒いくらいです」と書き添えてあったのは驚きでした。また、越屋根の代わりに建物上部の窓で通風を図った事例が図6-25になります。

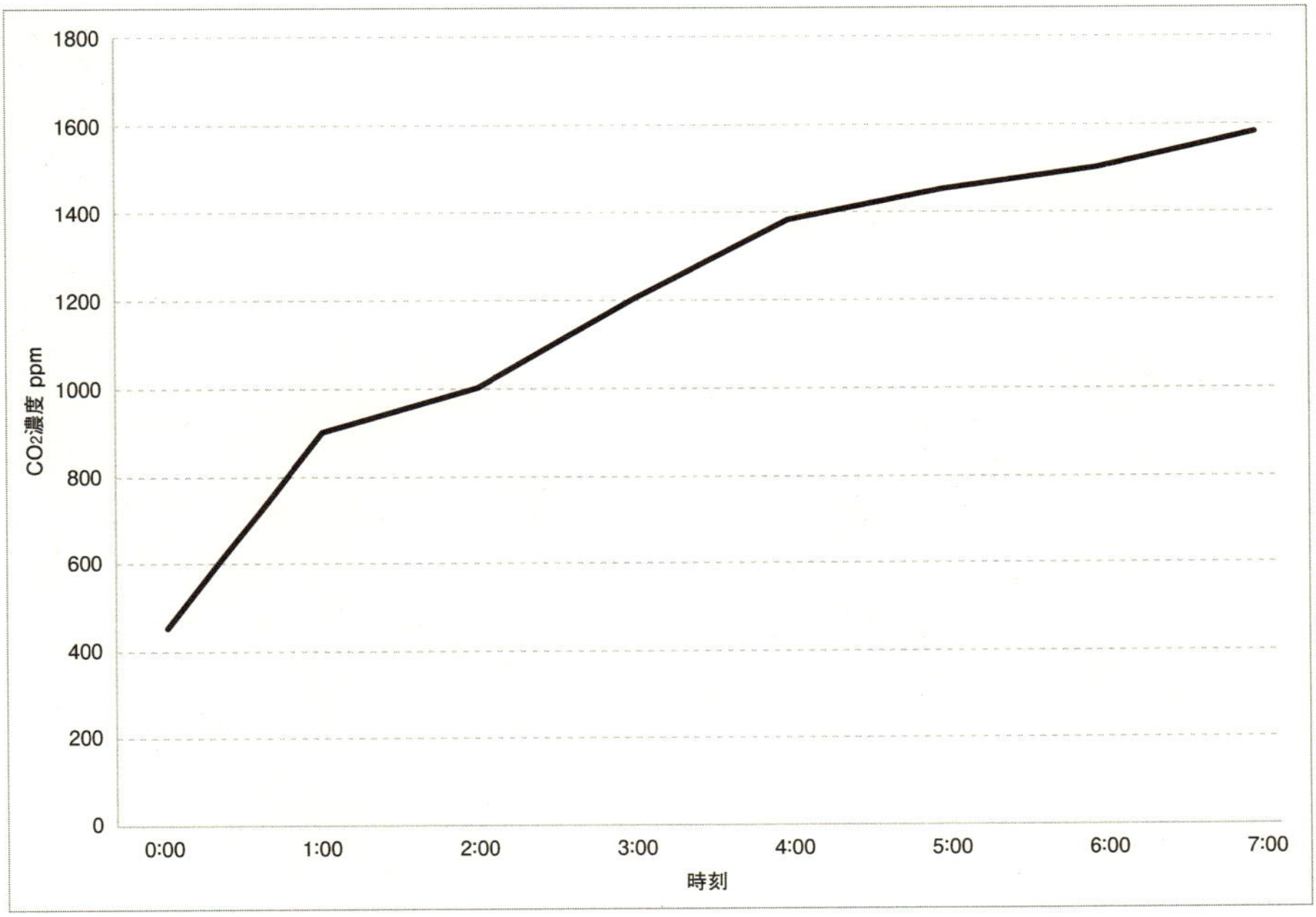

図6-22　寝室の二酸化炭素濃度の推移（2019年9月1日計測）

図6-23　保谷の家（設計：無垢里）の越屋根

図6-24　保谷の家：寝室の越屋根

図6-25　横須賀の家（設計:無垢里）
建物上部の三角部にオーニング窓をつくり、階段吹き抜けを通じて上下通風を図った。

あとがき

法隆寺の宮大工であった西岡常一氏は、山の北斜面に育った木は建物の北面に使えと語っていました。建物の北面は乾きにくく傷みやすいので、過酷な環境に育った木こそ乗り越えられるという意味になります。大工が木と向き合うなかで生まれた言葉です。こんな家づくりは皆無となりました。

食物がとれにくくなる冬を乗り切るために、収穫の多い時期の食物を保存する方法を先人達は身に付けてきました。干し柿、梅干しなどなど……。しかし、現代はいつでもほしいものが手に入りますから、こんな面倒なことを考えなくてもよくなりました。

法隆寺は建立から１３５０年ほどが経ちます。２００～４００年を経た江戸期の農家は少なくありません。ひとたび建てたら寺は１０００年以上、民家でも２００～３００年以上持たせる術《すべ》を当時の技術者は持ち得ていました。千駄ヶ谷の国立競技場は前身を55年で解体・廃棄し、新たに１５００億円の資源を費やして新競技場を建てました。

人が食物連鎖の頂点に立ち何も怖いものは無い時代に入り、全て安泰かのように見える現代ですが、人の命にかかわるような環境異変におびえるような日々が身近に生まれるようになりました。

機械や工業材料は資源消費が大きく環境へのダメージが大きくなりがちですから、これらに頼らないで済むならそれに越したことはありません。そうなると頼れるのは自然しかありません。自然の法則を熟知し応用しなければなりません。それは自然と正面から向き合う「春夏秋冬のある暮らし」なのです。

このまま環境異変を受け入れたくないと思われるのであれば、ぜひ自然と向き合う暮らしを意識していただき、生命が無理なく生きていける環境づくりに一歩を踏み出していただきたいと思います。

本書がその一助になれば幸いです。

本書の発行に際し、出版を決断していただいた風土社代表の山下武秀さん、編集を担われたピークス代表の上野裕子さん、御担当の林菜穂子さん、その御関係の皆さまに心よりお礼を申し上げます。

２０１９年10月　金田正夫

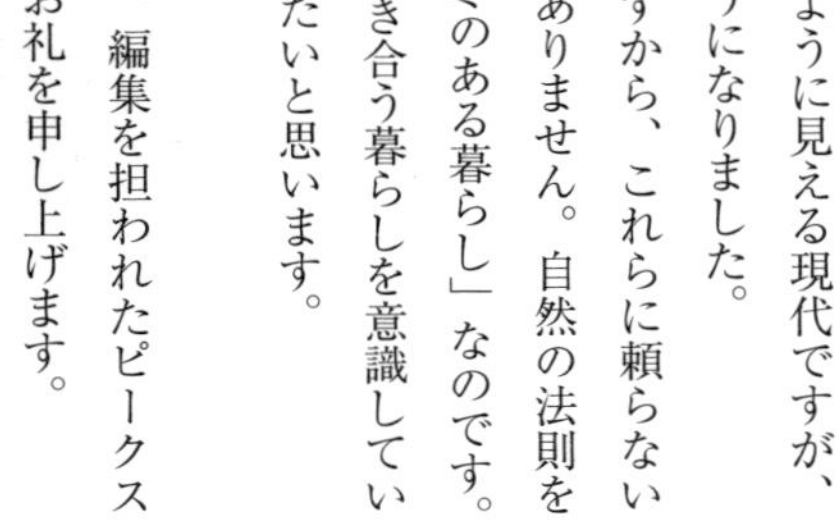

沖縄県 渡名喜島

『むくり』No66より

沖縄本島から船で2時間ほどの島。今も赤瓦の屋根が葺かれた民家が数多く残る。夏の日中に熱せられた瓦は夕立で吸水される。雨が上がり蒸発するときに瓦の熱が奪われるので夜は涼しい室内になる。台風の風を和らげるために地盤を路面より1メートルほど掘り下げている。敷地はサンゴ質なので雨水は浸透してたまらない。

「無垢里」の活動について

住宅の設計

住まいはかけがえのない人生の大半を過ごす場だけに、どのように暮らすかは根幹になるところです。打ち合わせで語られる言葉の奥にある思いを読み取ることを心がけています。

自然の営みに向き合う住まいづくりにもこだわります。置かれた環境や暮らしに最もふさわしい姿をつくり出していきます。そのためには手技が不可欠になります。二つと同じ物にはならないからです。カタログの世界ではできないことです。手技は決して高価ではありません。街の工務店にはショールームも営業マンも株主配当もメディアの宣伝料もありません。建物そのもの以外の経費がきわめてかからないのです。

『むくり』の発行

戦前の建物が残る集落を取材し、先人が育んだ衣食住の文化を冊子にまとめています。現在72号を発行。

民家活用

新潟県柏崎市高柳町荻ノ島集落の民家をお借りして、地場材による手技のものづくり工房が動き出しています。

住み続ける方々の応援

戦前の住まいを維持活用する方を応援する杉並建物応援団の立ち上げに参画。

伝統文化に触れる

日本や世界の古来から継承されている文化に触れる場を代官山に設け、企画を立てています。

無垢里一級建築士事務所／暮らしの工房&ぎゃらりー無垢里
住所：東京都渋谷区猿楽町20-4　電話：03-5458-8132
URL：http://mukuri.iinaa.net
昭和36（1961）年築の住宅を1995年に改修し先人の文化を学ぶ場として活用が始まりました。職人の労苦を数十年でゴミにしたくありませんでした。

金田正夫（かねだまさお）

1949年東京生まれ。1973年工学院大学工学部建築学科卒業。1983年有限会社無垢里一級建築士事務所主宰。2011年法政大学大学院工学研究科建設工学専攻博士後期課程修了、2011年法政大学より「伝統的民家における温熱特性と現代住宅への応用に関する研究」で博士（工学）取得。2019年法政大学デザイン工学部大学院兼任講師・職業能力開発短期大学校「東京建築カレッジ」講師。主な著書に、『図説民俗建築大事典』（共著、日本民俗建築学会編、柏書房、2001）、『住まいの考源楽』（ピエブックス、2005）、『日本の生活環境文化大事典』（共著、日本民俗建築学会編、柏書房、2010）、『伝統的民家における温熱特性と現代住宅への応用に関する研究』（無垢里、2012）など。雑誌『チルチンびと』への寄稿多数。

受賞歴（抜粋）

1999年　東京ガス主催　第2回あたたか住空間デザインコンペティションリフォームの部優秀賞

2001年　2000年度日本建築学会設計競技（技術部門）佳作（他3名の共作）

2006年　日本民俗建築学会奨励賞

2013年　第三回ものつくり大学21世紀型木造住宅建設フォーラム設計競技一等

2014年　第四回・第五回ものつくり大学21世紀型木造住宅建設フォーラム設計競技入賞

2014年　伝統木構造の会伝木賞奨励賞受賞「伝統的民家における温熱特性と現代住宅への応用に関する研究」

春夏秋冬のある暮らし

二〇一九年十月三十一日　第一版第一刷発行

著　者　金田正夫

発行者　山下武秀

発行所　株式会社 風土社
〒一〇一ー〇〇六五
東京都千代田区西神田一ー三ー六
ウエタケビル三F
電　話　〇三ー五二八一ー九五三七
ＦＡＸ　〇三ー五二八一ー九五三九
http://www.fudosha.com

編　集　上野裕子・林菜穂子（PEAKS）

装丁者　斉藤加奈

印刷所　株式会社 東京印書館

ISBN 978-4-86390-055-4
Printed in Japan